Heidi Pohlmann

Rechtschreibung üben – Deutsch 6. Schuljahr

MANZ VERLAG

3. Auflage 2004
Manz Verlag
© Ernst Klett Verlag GmbH, Stuttgart 1998
Alle Rechte vorbehalten.
Lektorat: Peter Süß, München
Herstellung: Karin Schmid, Baldham
Umschlaggestaltung: Zembsch' Werkstatt, München
Titelbild: John Kelly, Couple cross country skiing
© The Image Bank Bildagentur, München
Illustrationen: Leo58, München
Layout: Karin Schmid, Baldham
Druck: Mediengruppe UNIVERSAL
Manz und Mühlthaler GmbH, München
Printed in Germany

ISBN 3-7863-1007-6

Vorwort

Liebe Schülerin, lieber Schüler,

Rechtschreibung ist keine Hexerei – man kann sie lernen. Mit diesem Übungsbuch wollen wir dir dabei helfen. Vorab noch ein paar Tipps, wie du am besten mit diesem Buch arbeitest.

- Arbeite das Buch in kleinen Schritten durch. Kleine Portionen sind leichter verdaulich als große Brocken. Wenn du regelmäßig übst, ist dein Lernerfolg garantiert.

- Mach die Übungen in aller Ruhe. Lass dir Zeit zum Nachdenken und gib nicht auf, wenn du die Antwort nicht sofort weißt. Am Ende einer Übung überprüfst du deine Ergebnisse mit Hilfe des Lösungsschlüssels hinten im Buch.

- Wenn du eine Übung nicht lösen kannst: kein Problem. Kreuze die Übung im Buch an und wiederhole sie so oft, bis du alles richtig hast.

Hinter diesem Zeichen verbirgt sich eine Regel. Regeln sind immer gültig – wenn du sie dir merkst, hilft dir das jeden Tag beim richtigen Schreiben.

Bei diesem Zeichen gibt es Extra-Tipps für dich. Oft sind es Eselsbrücken oder Vorschläge, wie du dir bestimmte Dinge leichter merken kannst.

Wir wünschen dir viel Erfolg!

Inhalt

A   Die Schärfung

1	Konsonanten und Doppelkonsonanten	6
2	k – ck – kk und z – tz – zz	14
3	s – ss – ß	19
4	Dreifachkonsonanten	26

B   Die Dehnung

1	Langes a / ä	27
2	Langes e	32
3	Langes i	36
4	Langes o / ö	42
5	Langes u / ü	46

C   Gleich und ähnliche klingende Laute

1	b / p – d / t – g / k	49
2	-ig – -lich – -isch	56
3	f – v – ph – pf	57
4	e oder ä – eu oder äu	62
5	ai oder ei	67
6	ks – cks – gs – x – chs	69

D   Zusammengesetzte Wörter

1	Zusammensetzungen mit Substantiven	73
2	Zusammensetzungen mit Verben	75
3	Adjektiv-Zusammensetzungen	77

E   Groß- und Kleinschreibung

1	Allgemeine Regeln	79
2	Großschreibung von Substantiven	79
3	Klein- und großgeschriebene Adjektive	81
4	Klein- und großgeschriebene Verben	82

F Zeichensetzung

1	Satzendezeichen	85
2	Redezeichen	88
3	Kommasetzung	89

Lösungen

zu Kapitel A – Die Schärfung	92
zu Kapitel B – Die Dehnung	97
zu Kapitel C – Gleich und ähnlich klingende Laute	102
zu Kapitel D – Zusammengesetzte Wörter	108
zu Kapitel E – Groß- und Kleinschreibung	109
zu Kapitel F – Zeichensetzung	111

A Die Schärfung

1 Konsonanten und Doppelkonsonanten

Kannst du lange und kurze Vokale gut unterscheiden? Im 5. Schuljahr hast du schon gelernt, wie wichtig diese Unterscheidung für das richtige Schreiben ist. Hier wollen wir das kurz wiederholen.

1. Ordne die Wörter im Kasten jeweils ihrer Erklärung zu und schreibe sie auf die Zeilen.

> Gewitter   Rita   beten   Bett   wütend
> Lotto   Kater   Hölle   rütteln
> Suppe   Lupe   Ratte   Noten   Höhle

a) männliche Katze _____

b) zu Gott sprechen _____

c) weiblicher Vorname _____

d) Zensuren in der Schule _____   **langer Vokal oder Umlaut**

e) Vergrößerungsglas _____

f) Felsöffnung _____

g) zornig _____

a) Nagetier _____

b) Schlaflager _____

c) Unwetter _____

d) Glücksspiel _____   **kurzer Vokal oder Umlaut**

e) flüssige Speise _____

f) Gegenteil von *Himmel* _____

g) schütteln _____

1 Konsonanten und Doppelkonsonanten

2. Lies alle Wörter, die du in Übung 1 auf die Zeilen geschrieben hast, laut vor. Achte dabei darauf, wie die Vokale und Umlaute ihren Klang verändern, je nachdem, ob sie lang oder kurz gesprochen werden.

Schau dir die Schreibung aller Wörter mit kurz gesprochenen Vokalen und Umlauten in Übung 1 noch einmal an. Streiche dann aus dem folgenden Merksatz die falsche Lösung weg:

Nach kurzem Vokal oder Umlaut folgt oft ein einfacher Konsonant / ein Doppelkonsonant.

3. Wir probieren diese Regel gleich einmal aus. Untersuche bei den folgenden Wörtern, ob der Vokal kurz oder lang ist. Bei kurzem Vokal ergänzt du das Wort mit einem Doppelkonsonanten, bei langem Vokal darfst du nur einen einzelnen Konsonanten in die Lücke schreiben.

a) Wa_____e (n / nn)   ho_____en (f / ff)   Do_____e (s / ss)

　　Li_____e (p / pp)   Vi_____en (r / rr)   Sala_____ (t / tt)

　　kna_____ern (b / bb)   Fu_____er (t / tt)   Kla_____e (d / dd)

b) Termi_____ (n / nn)   e_____en (s / ss)   ru_____en (f / ff)

　　kla_____ern (p / pp)   Bi_____el (b / bb)   Schnu_____er (l / ll)

　　kli_____en (r / rr)   E_____e (g / gg)   ko_____en (m / mm)

4. Jetzt geht es um die Umlaute. Untersuche bei den folgenden Wörtern, ob der Umlaut kurz oder lang ist. Bei kurzem Umlaut ergänzt du das Wort mit einem Doppelkonsonanten, bei langem Umlaut darfst du nur einen einzelnen Konsonanten in die Lücke schreiben.

　　Schlü_____el (s / ss)   Lö_____el (f / ff)   Kü_____el (b / bb)

　　Rä_____er (d / dd)   Lä_____er (m / mm)   wüh_____en (l / ll)

7

A Die Schärfung

5. Überprüfe im Lösungsteil dieses Buches, ob du die Wörter in den Übungen 3 und 4 richtig ergänzt hast. Schau dir dann alle Wörter noch einmal an und schreibe die elf Konsonanten, die verdoppelt werden können, in alphabetischer Reihenfolge in die Kästchen.

☐ ☐ ☐ ☐ ☐ ☐ ☐ ☐ ☐ ☐ ☐

Tipp: Die Konsonanten b, d und g werden selten verdoppelt, die anderen acht Konsonanten dagegen ziemlich häufig.

6. Ergänze zu den angegebenen Wörtern jeweils drei Reimwörter und schreibe sie auf die Zeilen.

a) hoffen _____

Riff _____

schaffen _____

b) Welle _____

Falle _____

Brille _____

rollen _____

c) Lamm _____

klimmen _____

d) kennen _____

wann _____

e) Wippe _____

klappen _____

1 Konsonanten und Doppelkonsonanten

f) schnurren _____

   irren   _____

g) Klasse   _____

h) Watte   _____

   Futter   _____

Die Diphthonge au, äu, eu, ei, ai gelten immer als lang. Danach folgt deshalb immer nur ein einfacher Konsonant.

Das kannst du dir gut merken, denn man sieht ihnen ja schon an, dass sie lang sind. Wie ein Wagen mit Anhänger brauchen sie doppelt so viel Platz wie ein einfacher Buchstabe.

7. Ergänze die folgenden Diphthong-Wörter mit Konsonanten, sodass sie einen Sinn ergeben. Jedes leere Kästchen, das du füllen sollst, steht für einen möglichen Konsonanten. Wenn du nicht alle Lösungen findest, dann kannst du im Lösungsteil hinten in diesem Buch nachschauen.

a) Sei ☐ e
b) ☐☐☐ (E i ☐☐ e r)
c) sau ☐ en
d) rei ☐ en
e) Tai ☐ un
f) Käu ☐ er
g) Leu ☐ e
h) Sai ☐ e
i) häu ☐ ig
j) Teu ☐ el

9

A Die Schärfung

In den Übungen 3 und 4 hast du gesehen, dass du oft nur auf den Vokal oder Umlaut achten musst um zu wissen, ob danach ein einfacher Konsonant oder ein Doppelkonsonant folgt. Hier noch einmal ein Beispiel:

der Ofen = langer Vokal, also anschließend ein einfacher Konsonant

offen = kurzer Vokal, also anschließend ein Doppelkonsonant

Folgt jedoch nach dem Konsonant noch ein Konsonant, zum Beispiel ein d oder t, dann heißt es Vorsicht! Mach einmal die Hörprobe und lies die folgenden Wortpaare laut vor:

| oft | – | hofft | bald | – | schallt |
| Gruft | – | knufft | Kind | – | gewinnt |

Du merkst: Alle Vokale klingen jetzt kurz. Hier brauchst du ein Hilfsmittel um zu wissen, ob du einen einfachen Konsonanten oder einen Doppelkonsonanten schreiben sollst.

Tipp: Dieses Hilfsmittel ist die Verlängerung. Beim langsamen Silbensprechen kannst du dann genau hören, ob du den Konsonanten verdoppeln musst oder nicht.

Für die Verlängerung gibt es verschiedene Möglichkeiten, die du in den folgenden Übungen trainieren kannst.

8. Bei Verben bildest du als Hilfe den Infinitiv. Schreibe zu jedem angegebenen Wort in der 3. Person Singular zunächst den Infinitiv und anschließend den Infinitiv mit der Trennung nach Sprechsilben auf die Zeilen.

a) er lernt   lernen   ler-nen

b) sie will   _____   _____

c) es gilt   _____   _____

d) er schafft   _____   _____

e) sie knurrt   _____   _____

f) er hält   _____   _____

Tipp: Jetzt kannst du hören, ob das Wort wirklich einen Doppelkonsonanten hat (wol-len) oder ob der andere Konsonant erhalten geblieben ist und am Anfang der nächsten Silbe steht (hal-ten).

1 Konsonanten und Doppelkonsonanten

9. Versuche es nun bei den folgenden Verben selbst. Bilde zunächst den Infinitiv, trenne dann den Infinitiv in Sprechsilben und schreibe beides auf die Zeilen. Zum Schluss ergänzt du die Lücke bei den konjugierten Formen in der 2. oder 3. Person Singular.

a) sie wä__r__mt (r / rr)   wärmen   wär-men

b) es bre____t (n / nn)   _____   _____

c) du lä____mst (r / rr)   _____   _____

d) du wir____st (f / ff)   _____   _____

e) sie mu____t (r / rr)   _____   _____

f) es kna____t (l / ll)   _____   _____

g) sie wi____kt (n / nn)   _____   _____

10. Bei Adjektiven oder bei mit Adjektiven zusammengesetzten Wörtern bildest du als Hilfe die Steigerungsform. Trenne bei Zusammensetzungen zuerst den Teil ab, den du nicht brauchst und streiche ihn durch. Ergänze dann die fehlenden Konsonanten oder Doppelkonsonanten in den Lücken auf der linken Seite. Schließlich schreibst du die Steigerungsformen komplett und mit der Trennung nach Sprechsilben auf die Zeilen.

a) Schne__ll__ ~~bahn~~
(l / ll)   schneller   schnel-ler

b) ka____t (l / ll)   _____   _____

c) he____grün (l / ll)   _____   _____

d) kreisru____d (n / nn)   _____   _____

e) du____dreist
(m / mm)   _____   _____

f) Schla____kheits-
mittel (n / nn)   _____   _____

g) ma____gelb (t / tt)   _____   _____

h) Schla____schwanz
(p / pp)   _____   _____

i) elega____t (n / nn)   _____   _____

A   Die Schärfung

11. Bei Substantiven bildest du als Hilfe den Plural. Bei zusammengesetzten Substantiven trenne zunächst wieder den Teil ab, den du nicht brauchst und streiche ihn durch. Ergänze dann die fehlenden Konsonanten oder Doppelkonsonanten in den Lücken auf der linken Seite. Schließlich schreibst du die Pluralformen komplett und mit der Trennung nach Sprechsilben auf die Zeilen.

a)   Ba__ll__ ~~spiel~~ (l / ll)   _Bälle_   _Bäl-le_

b)   We____kampf (t / tt)

c)   Wa____dschrank (n / nn)

d)   Ku____mund (s / ss)

e)   Gu____tmuffel (r / rr)

f)   Klettverschlu____ (s / ss)

Tipp: Bei einem längeren oder zusammengesetzten Wort hilft dir das Grundwort weiter, von dem es abgeleitet ist, zum Beispiel Lämmchen → Lamm, hässlich → Hass.

12. Suche bei den folgenden Beispielen das Grundwort, verlängere es (Plural, Infinitiv oder Steigerungsform) und entscheide dann, ob der Konsonant verdoppelt wird oder nicht. Schreibe deine Lösungen (wie in den Übungen 9 bis 11) wieder auf die Zeilen und in die Lücken.

a)   Ho____nung (f / ff)   _hoffen_   _hof-fen_

b)   La____dschaft (n / nn)

c)   he____lich (r / rr)

d)   Mä____chen (p / pp)

e)   schä____lich (d / dd)

f)   veri____t (r / rr)

g)   Rä____chen (d / dd)

1 Konsonanten und Doppelkonsonanten

Am Ende dieses Kapitels zu den Konsonanten und Doppelkonsonanten kannst du nun kontrollieren, was du gelernt hast.

Im folgenden Text geht es um ein geheimnisvolles Schloss, dessen Bewohner dir in diesem Buch noch häufiger begegnen werden.

13. Überlege, ob der einfache Konsonant oder der Doppelkonsonant in die Lücke gehört und setze ein.

Das Spukschloss

„Dieses Schlo_____ (s / ss) ist ein he_____liches (r / rr) Gebäu_____e

(d / dd), aber ich glau_____e (b / bb) es spu_____t (k / kk)", sagte

der Ma_____ (n / nn), der wegen einer Autopa_____e (n / nn) hier

übernachtet ha_____e (t / tt). „Ich ko_____te (n / nn) letzte Nacht kein

Auge zumachen! Tü_____en (r / rr) kla_____erten (p / pp), Fenster

A Die Schärfung

kli_____ten (r / rr), die La_____pe (m / mm) schau_____elte (k / kk)

hin und her und der Gra_____ (f / ff) auf dem Bi_____d (l / ll) in

meinem Zi_____er (m / mm) schien mir zuzuwi_____ken (n / nn)!"

„Ich ke_____e (n / nn) das gut!", seu_____zte (f / ff) der Butler.

„Und wa_____ (n / nn) i_____er (m / mm) Fremde hier übernachten,

ist es am schli_____sten (m / mm). Da verstopft man sich am besten

die Ohren mit Wa_____e (t / tt)!"

„Bi_____eschön (t / tt), we_____ (n / nn) Ihnen das genügt",

antwortete der Ma_____ (n / nn). „Ich mei_____erseits (n / nn) werde

schne_____stens (l / ll) den Ersatzreifen montieren und ho_____e

(f / ff) nächste Nacht in meinem eigenen Be_____ (t / tt) zu verbringen!"

2 k – ck – kk und z – tz – zz

Doppel-k und Doppel-z werden dir nur selten in einigen Fremdwörtern begegnen. Häufiger brauchst du dagegen ck und tz.

Wie bei den anderen Doppelkonsonanten gilt: Nach langem Vokal oder Diphthong schreibst du einfaches k oder z, nach kurzem Vokal ck oder tz.

14. Verbinde die Teile mit Linien, sodass sinnvolle Wörter entstehen.
Schreibe die Wörter anschließend auf die Zeilen.

a) N   e   Nacken,_____
   Fr   en   _____
   L   ack   schuhe   _____
   K   atz   en   _____
   L   hose   _____
   schm   e   _____

2 k – ck – kk und z – tz – zz

b)
str		rig
schw	**ick**	el
Schn	**itz**	en
k		eln
w		en
m		eln

_____
_____
_____
_____

c)
_____
_____
_____
_____

tr		te
erschr	**ock**	en
tr	**otz**	e
l		en
tr		nen
m		ig

d)
Dr		en
p		end
schl	**uck**	luft
n	**utz**	te
d		los
D		en

_____
_____
_____
_____

15. Nach einem langen Vokal, nach einem Umlaut oder nach einem Diphthong folgt immer nur einfaches k oder z. Von dieser Art gibt es nicht viele Wörter. Findest du sie? Ergänze die Lücken mit den fehlenden Buchstaben. Achtung: Oft musst du mehrere Buchstaben ergänzen!

a) **k nach langem Vokal, nach Umlaut oder nach Diphthong:**

H_____aken   _____akat   _____uke

er_____rak   _____usik   _____oka_____

_____auk_____   _____reik_____   _____aukel

b) **z nach langem Vokal, nach Umlaut oder nach Diphthong:**

_____azieren   _____ezel   _____iezekatze

_____eizend   _____auze   _____eizig

_____euz   _____eizen   spreiz_____

A Die Schärfung

Nach den Buchstaben l, n und r schreibt man ebenfalls nur einfaches k oder z.

16. Alle Wörter dieser Übung bestehen aus drei Silben. Setze die Wörter aus Anfangs-, Mittel- und Endsilbe richtig zusammen und schreibe sie auf die Zeilen.

a) **z nach l, n oder r:**

Anfangssilbe	Mittelsilbe	Endsilbe
Mar Baum Ge schmun Salz Ker	zen zel zi wur streu wür	licht te ze pan er zel

_____

_____

b) **k nach l, n oder r:**

Anfangssilbe	Mittelsilbe	Endsilbe
Herz Lenk Volks ver Markt zu	wa plät in win wel stan	ken gen ge farkt ze ken

_____

_____

17. Suche nun selbst noch insgesamt zwölf Wörter mit z oder k nach l, n oder r und schreibe sie auf die Zeilen.

stürzen, _____

_____

16

2 k – ck – kk und z – tz – zz

_____

_____

Die folgenden Fremdwörter werden mit zz oder kk geschrieben.
Präge sie dir gut ein. Wenn du ein Wort nicht kennst, dann schlägst du seine
Bedeutung im Lexikon nach:

Intermezzo	Jazz	Nizza	Pizza	Pizzeria
Razzia	Skizze	Akkord	Akkordeon	Akku
Akkusativ	Makkaroni	Marokko	Sakko	Puzzle

18. Hast du dir die Fremdwörter mit kk und zz gemerkt? Gut! Im folgenden
Kreuzworträtsel tauchen sie nämlich wieder auf – mit einer Ausnahme.
Löse das Rätsel und schreibe anschließend das fehlende Wort auf die Zeile.

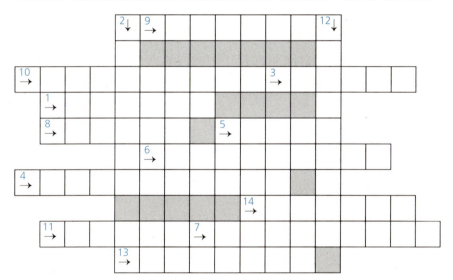

1 überraschende polizeiliche Durchsuchung
2 Geduldspiel
3 italienische Speise
4 Zwischenspiel
5 Musikrichtung
6 Musikinstrument
7 Nudelsorte
8 Stadt in Südfrankreich
9 Zusammenklang verschiedener Töne in der Musik
10 Fachbegriff aus der Grammatik für den 4. Fall
11 Anzugjacke
12 italienisches Restaurant
13 Land in Nordafrika
14 Entwurf des Malers für ein Bild, Planzeichnung

Dieses Wort kommt im Kreuzworträtsel nicht vor:

_____

A Die Schärfung

19. Zum Abschluss kannst du wieder überprüfen, was du in diesem Kapitel gelernt hast.
Ergänze die Wortlücken mit k, ck, kk oder mit z, tz, zz.

Der Geisterjäger

Eines Tages kam ein Geisterjäger ins Schloss. Nachdem er eine

Pi____a (z / tz / zz) mit Pil____en (z / tz / zz) gegessen hatte, folgte

er Sil____e (k / ck / kk), dem Küchenmädchen, in die Küche.

„Was für rei____ende (z / tz / zz) Lo____en (k / ck / kk) Sie haben!",

sagte er zu ihr. „Und diese win____ige (z / tz / zz) Schür____e

(z / tz / zz)! Allerliebst!" Sil____e (k / ck / kk) verdrehte genervt

die Augen. „Ich glaube, ich werde die Geister in diesen Ba____ofen

(k / ck / kk) lo____en (k / ck / kk)", überlegte er. „Was halten

Sie davon?"

„Sie scher____en (z / tz / zz) wohl!", sagte Sil____e (k / ck / kk), die

den Geisterjäger nicht leiden konnte. „Aber nein!", rief er eingebildet.

„Das ist ein Tri_____ (k / ck / kk), den ich in Maro_____o (k / ck / kk)

gelernt habe. Ich habe unglaublich viel Erfahrung in diesen Dingen!"

Während der Geisterjäger eine Ski_____e (z / tz / zz) von der Küche

machte, ließ Sil_____e (k / ck / kk) unbemerkt etwas in die Tasche

seines Sa_____os (k / ck / kk) gleiten. Plö_____lich (z / tz / zz) sprang

er auf und schleuderte das Ja_____ett (k / ck / kk) von sich. Er war

so erschro_____en (k / ck / kk), dass er beinahe einen Her_____infarkt

(z / tz / zz) bekommen hätte.

Als er das Mädchen lachen hörte und sah, dass es nur eine kleine,

quie_____ende (k / ck / kk) Maus war, die aus der Ja_____entasche

(k / ck / kk) herauskrabbelte, musste er heftig schlu_____en

(k / ck / kk).

3 s – ss – ß

Welch ein Durcheinander scheint es beim s-Laut zu geben: Wörter mit s, ss
und ß! Aber keine Panik. Es ist gar nicht so schwierig hier Ordnung zu schaffen.
Du musst nur – wie bei den langen und kurzen Vokalen – ganz genau hinhören.

Bei einigen Wörtern klingt das s, wenn du es ein bisschen in
die Länge ziehst, wie ein Bienensummen, z. B. bei *Meise*. Man
nennt es *stimmhaftes s*.

Bei anderen Wörtern klingt das s
dagegen wie ein Schlangenzischen, z. B. bei *reißen* oder
hassen. Dieses zischende s nennt man *stimmloses s*.

A Die Schärfung

20. Sprich dir die Wörter im Kasten laut vor und schreibe sie dann in die richtige Spalte (stimmhaft oder stimmlos).

Blase   weise   Gasse   Pause   aß   lassen
Busse   lasen   reißen   Pass   leise
Wissen   Terrasse   Geisel   heißen
Tausender   rasieren   heiser   Nässe   Nase

stimmhaftes s   **stimmloses s**

_____   _____
_____   _____
_____   _____
_____   _____
_____   _____
_____   _____
_____   _____
_____   _____
_____   _____
_____   _____

Wenn du alles richtig gemacht hast, stehen in der linken Spalte nur Wörter mit einfachem s, denn ein stimmhaftes s wird nie mit ss oder ß geschrieben.

21. Suche selbstständig zehn weitere Wörter mit stimmhaftem s und schreibe sie auf die Zeilen.

_____
_____
_____

3 s – ss – ß

Die Buchstaben ss und ß sind beim Sprechen immer stimmlos. Für das richtige Schreiben kannst du ihre Verwendung leicht unterscheiden. Wie bei der Regel zu den Doppelkonsonanten gilt: Nach kurzem Vokal schreibst du ss, nach langem Vokal dagegen ß.

22. Ergänze die Lücken mit ss oder ß.

kü_____en	mü_____en	mä_____ig
die Ta_____e	äu_____erlich	fa_____en
fa_____ungslos	schlie_____en	schie_____en
ich genie_____e	der Schlü_____el	sie a_____en
die Fü_____e	flei_____ig	die Schü_____e

Es gibt Fälle, wo der s-Laut zwar unterschiedlich geschrieben, aber immer stimmlos gesprochen wird.

- Das gilt beim s-Laut vor Konsonant: lustig, Küsschen, schließlich.
- Und das gilt ferner beim s-Laut am Wortende: Haus, Schuss, Fuß.

Wenn du die Hörprobe machst, klingen alle diese s-Laute stimmlos, auch das einfache s hat sein Summen verloren. Um zu wissen, welche Schreibweise du brauchst, musst du auf das Mittel der Verlängerung zurückgreifen, die du schon bei den Doppelkonsonanten kennen gelernt hast.

Du weißt ja: Man verlängert, indem man den Infinitiv, den Plural, die Steigerungsform oder ein anderes Wort aus derselben Wortfamilie sucht. Verlängere das Wort unmittelbar nach dem s-Laut – und schon kannst du wieder stimmhaftes und stimmloses s sowie kurze und lange Vokale vor dem s-Laut klar voneinander unterscheiden. Voraussetzung ist aber, dass bei der Verlängerung nach dem s-Laut ein Vokal folgt. Beispiele:

- las → lesen = Verlängerung durch den Infinitiv
- Fass → Fässer = Verlängerung durch die Pluralbildung

Achtung: Bei manchen Wörtern kannst du das Hilfsmittel der Verlängerung nicht verwenden, zum Beispiel bei *minus, heraus, Frost* oder *Meister*. Wenn man ein Wort nicht verlängern kann – oder nur so, dass der Konsonant hinter dem s-Laut hörbar bleibt, schreibt man diesen s-Laut mit dem Buchstaben s.

A Die Schärfung

23. Schreibe die Verlängerung der folgenden Wörter durch Bildung des Infinitivs, eines verwandten Wortes oder der Pluralform auf die Zeilen.
Achtung: Bei drei Wörtern ist keine Verlängerung möglich! Findest du sie? Diese drei Wörter streichst du durch.

a) der Kuss → _____

b) schließlich → _____

c) lustig → _____

d) die Maus → _____

e) meistens → _____

f) er niest → _____

g) der Hass → _____

h) Lies! → _____

i) der Schuss → _____

j) plus → _____

24. Ergänze zunächst den s-Laut in der linken Spalte. Schreibe dann die Verlängerung des Wortes oder Wortteils mit s-Laut auf die Zeilen der rechten Spalte.
Achtung: Bei zwei Wörtern ist keine Verlängerung möglich. Hier ergänzt du nur den s-Laut in der linken Spalte, rechts machst du einen dicken Strich.

a) fu_ß_krank → _Füße_____

b) Gra_____ → _____

c) hinau_____ → _____

d) hei_____ → _____

e) Fa_____bier → _____

f) hä_____lich → _____

g) fa_____t (= beinahe) → _____

h) Bla_____rohr → _____

3 s – ss – ß

Du weißt schon, dass man Verben durch den Infinitiv verlängert.
Wenn der Infinitiv ein stimmhaftes s hat, wird auch das konjugierte Verb
mit einfachem s geschrieben, zum Beispiel reisen → er reist.

Aber: Hat der Infinitiv ein stimmloses s, dann musst du bei der konjugierten
Form noch untersuchen, ob der Vokal oder Umlaut vor dem s-Laut kurz oder
lang ist. Erst dann kannst du entscheiden, ob du ss oder ß schreiben musst.

- fressen – er frisst: das i in *frisst* ist kurz, also schreibst du ss;
- fressen – er fraß: das a in *fraß* ist lang, also schreibst du ß.

25. Bilde in dieser Übung jeweils den Infinitiv, ergänze die konjugierten Formen
in der linken Spalte mit s, ss oder ß und erkläre warum.

a) du i_ss_t → _essen – du isst = kurzes i, also ss_

b) er fra_ß_ → _fressen – er fraß = langes a, also ß_

c) ihr kü____t → _____

d) du ha____t → _____

e) sie nie_s_t → _niesen = stimmhaftes s_

f) sie mi____t → _____

g) ihr wi____t → _____

h) du mu____t → _____

i) ihr bla____t → _____

Zum Abschluss noch eine Besonderheit: Substantive mit der Nachsilbe *nis* sowie
den Endungen *is*, *us* und *as* werden im Singular mit s geschrieben, im Plural aber
mit ss.

A Die Schärfung

26. In dieser Übung sind die Nachsilben und Endungen im unteren Teil durcheinander geraten. Kannst du die Wörter wieder richtig zusammensetzen? Schreibe sie auf die Zeilen der linken Spalte und ergänze jeweils rechts daneben die Pluralform.

						H		E	
	O	E				i		r	
	m	r	G		Z	n	K	l	Z
A	n	g	l	l	i	d	r	a	e
t	i	e	o	l	r	e	o	u	u
l	b	b	b	t	k	r	k	b	g
n	n	u	n	u	n	a	u	i	u
i	i	s	i	s	i	s	s	s	s
s	s		s		s			s	

Ergebnis _____   Ergebnisse _____

_____   _____

_____   _____

_____   _____

_____   _____

_____   _____

_____   _____

_____   _____

_____   _____

27. Im folgenden Lückentext kommen alle s-Laute (s – ss – ß) noch einmal vor. Überlege gut und ergänze dann die fehlenden Buchstaben.

Ein Gespen_____t in Schwierigkeiten

Rassel, da_____ kleine Gespen_____t, beschlo_____ heute be_____er aufzupa_____en. Ge_____tern hatte e_____ nämlich fa_____t bi_____ zum Sonnenaufgang mit den drei_____ig wei_____en Laken gespielt, die es in der alten Wäschekammer gefunden hatte.

Rassel fand es so lu_____tig, die Laken im Spei_____esaal um die Hinderni_____e herumfliegen zu la_____en, da_____ er völlig die Zeit verge_____en hatte. Erst als ein Laken den gro_____en Globu_____ umgeri_____en hatte, sah er, da_____ es drau_____en schon ziemlich hell war. Da_____ kleine Gespenst sau_____te ganz schnell in den Keller. Es hörte, wie sich der ro_____tige Schlü_____el im Schlo_____ drehte. „La_____t mich rein!", heulte Rassel. Und zum Glück entschlo_____ sich die bla_____e Kunigunde, die schwere Tür noch einmal aufzuschlie_____en. „Verla_____ dich nicht darauf, da_____ ich da_____ noch einmal mache", sagte sie. „Du wei_____t, da_____ ich Unpünktlichkeit ha_____e!" Kleinlaut verzog sich Rassel zu seinem Schlafplatz hinter der Wa_____erpumpe.

A Die Schärfung

4 Dreifachkonsonanten

Bei Wortzusammensetzungen treffen manchmal drei gleiche Konsonanten aufeinander. Das ist der Fall, wenn der erste Wortteil mit einem Doppelkonsonant endet und der folgende mit dem gleichen Konsonant beginnt. Beispiele:

Schiff + Fahrt → Schifffahrt
Bett + Tuch → Betttuch

28. Suche sinnvolle Verbindungen, in denen drei Konsonanten zusammentreffen und schreibe die Wörter auf die Zeilen.

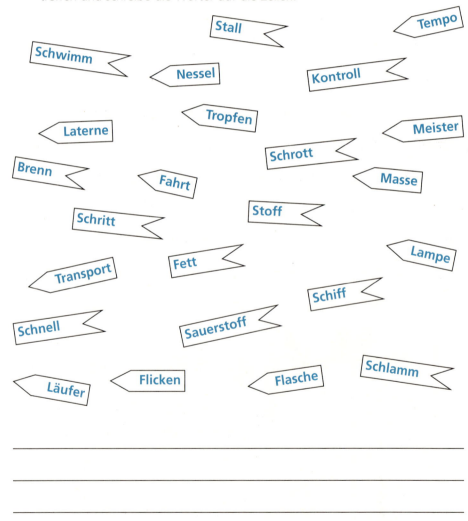

_____

_____

_____

_____

Die Dehnung   B

1 Langes a / ä

1. Ein langes a kann auf drei verschiedene Arten geschrieben werden. Trage die Wörter aus dem Kasten in die richtige Spalte der Tabelle ein.

Stahl   lahm   Saal   schade   Waage
Haar   Jahr   gaben   lagen

aa	ah	a
___	___	___
___	___	___
___	___	___

Mit ein bisschen Training kannst du diese drei Schreibweisen gut auseinander halten.

Langes a als aa

Beginnen wir mit den Wörtern, in denen das lange a als aa geschrieben wird. Es sind nicht sehr viele, deshalb lernst du sie am besten auswendig.

2. Diese Wortschlange enthält 13 Wörter mit aa, darunter auch die Namen einer Stadt und von zwei Flüssen. Trenne die Wörter durch Striche voneinander ab und schreibe sie richtig auf die Zeilen. Du musst dabei von rechts nach links lesen. Achte außerdem darauf, dass du alle Wörter großschreibst, denn es sich hier immer um Substantive. Unbekannte Wörter schlägst du im Lexikon nach.

taasraaselaasegaawraahraaplaataatsnehcaalaastaamraam|saa

Aas, _____

_____

_____

B Die Dehnung

3. Ordne nun die Wörter von Übung 2 den folgenden Sachgebieten zu und schreibe sie auf die entsprechenden Zeilen. Achtung: Ein Wort passt in drei verschiedene Sachgebiete.

a) Welche drei Wörter beginnen mit aa?

_____

_____

_____

b) Welche drei Wörter bezeichnen etwas, das wächst?

_____

_____

_____

c) Welche fünf Wörter haben mit Wasser zu tun?

_____

_____

_____

_____

_____

d) Welche vier Wörter gehören zu keiner der drei ersten Gruppen?

_____

_____

_____

_____

Mögliche Verkleinerungsformen der Wörter mit aa werden immer mit einfachem ä geschrieben (das Paar – das Pärchen, ein Haar – ein Härchen), denn Doppel-ä gibt es im Deutschen nicht.

Langes a als ah

Viele Wörter mit langem a werden mit Dehnungs-h geschrieben. Es ist schwierig sich alle Wörter dieser Gruppe zu merken. Der folgende Tipp gibt dir eine kleine Hilfe.

Tipp: Ein a mit Dehnungs-h steht in den meisten Fällen vor den Buchstaben l, m, n oder r. Das heißt jedoch nicht, dass vor diesen Buchstaben immer ein Dehnungs-h stehen muss!

4. Ergänze die Lücken und verwende dabei die Buchstaben in den Kästchen. Verwendete Buchstabenkästchen streichst du durch.

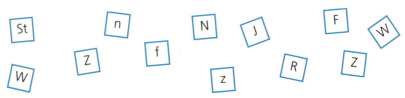

1 Langes a / ä

_____ahl	_____ahm	_____ahn	_____ahren
_____ahl	_____ahm	_____ahn	_____ahre
_____ahl	_____ahm	_____ahne	_____ahrung

5. Im Buchstabenkasten sind senkrecht und waagrecht 18 Wörter mit Dehnungs-h versteckt. Suche sie und umkreise sie in Farbe.

D	I	E	B	S	T	A	H	L	W	S	H
R	S	B	A	H	N	H	A	A	Z	G	S
A	S	A	H	N	E	N	H	H	P	E	A
H	D	F	R	K	T	U	N	M	Q	M	U
T	F	G	E	A	X	N	A	H	T	A	E
S	T	R	A	H	L	G	E	F	A	H	R
E	M	A	H	N	U	N	G	I	E	L	R
M	A	H	L	Z	E	I	T	U	V	I	A
Z	Y	L	W	A	H	N	S	I	N	N	H
K	A	H	L	K	O	P	F	U	I	E	M

Langes ä als äh

6. Viele Wörter mit ah haben Verwandte mit äh. Das können Pluralformen, Verben, Adjektive oder Verkleinerungsformen sein. Suche zu jedem der folgenden Wörter zwei Verwandte mit äh und schreibe sie auf die Zeilen.

a) Zahn   *Zähne, Zähnchen* _____

b) Draht   _____

c) ahnen   _____

d) Wahl   _____

B Die Dehnung

e) Zahl _____

f) Nahrung _____

g) Jahr _____

h) zahm _____

i) Gefahr _____

j) Fahne _____

Langes a als einfaches a

Viele Wörter haben ein langes a ohne besonderes Dehnungszeichen. Eine Regel gibt es nicht, aber der folgende Tipp kann dir helfen.

Tipp: Nach qu oder sch steht nie ah (Ausnahme: der Schah) oder aa.
Die Nachsilben *bar*, *sal* und *sam* werden in allen Wörtern nur mit einfachem a geschrieben.

7. Suche selbstständig jeweils drei Beispielwörter für die folgenden Fälle und schreibe sie auf die Zeilen.

a) Langes a als einfaches a nach Sch / sch:

   Schaden, _____

b) Drei Wörter mit der Nachsilbe *bar*:

   _____

c) Drei Wörter mit der Nachsilbe *sal*:

   _____

d) Drei Wörter mit der Nachsilbe *sam*:

   _____

8. Im folgenden Lückentext kommen alle Schreibweisen des langen a (a – aa – ah) noch einmal vor. Überlege gut und ergänze dann die fehlenden Buchstaben.

Alte Liebe

„Heute ist der T_____g, an dem wir vor vielen J_____ren ein Hochzeitsp_____r w_____ren", s_____gte die blasse Kunigunde zum k_____len Gr_____f. „Gib mir meinen Sch_____l und begleite mich in den Balls_____l", antwortete ihr Gem_____l voll Würde. Und als sie sich im str_____lenden Licht zum Klang eines unsichtb_____ren Orchesters im Tanz drehten, k_____m es ihnen vor wie d_____mals, als Gäste in großer Z_____l sich am köstlichen M_____l l_____bten.

„Ich fr_____ge mich, ob die Gäste je verg_____ßen, was in dieser Nacht geschah", s_____gte Kunigunde n_____chdenklich. „Mir ist das eg_____l n_____ch all den J_____ren", meinte der Gr_____f. „Außer uns sind alle im Gr_____b. Manchm_____l finde ich das sehr sch_____de!" – „Nun sei nicht sentiment_____l!", mahnte Kunigunde sanft. „Oder ist unser Schicks_____l etwa eine solche Qu_____l?" Der Gr_____f küsste sie auf ihren Schw_____nenhals und s_____gte: „Hätte ich die W_____l, dann machte ich alles noch einm_____l. Du bist eine wunderb_____re Gem_____lin!"

B Die Dehnung

2 Langes e

9. Ein langes e kann auf drei verschiedene Arten geschrieben werden. Trage die Wörter aus den Ovalen in die richtige Spalte der Tabelle ein.

Kehle   Regen   schwer   Seele   Befehl   Beet   geben   See   Mehl

ee	eh	e

Langes e als ee

10. In der Spirale sind 23 Wörter mit ee versteckt. Einige davon sind vorwärts, andere rückwärts geschrieben. Trenne die Wörter durch Striche voneinander ab und schreibe sie richtig auf die Zeilen.

Moschee,

2 Langes e

_____

_____

_____

Lerne die Wörter mit ee auswendig. Einige von ihnen kannst du in der nächsten Übung wiederholen.

11. Ein Treppenrätsel zu den Wörtern mit ee. Trage die Lösungen in die Kästchen ein.

a) Heißes Getränk   ☐☐☐
b) Märchenfigur   ☐☐☐
c) Gegenteil von *voll*   ☐☐☐☐
d) Straßenbelag   ☐☐☐☐
e) Waffe der Indianer   ☐☐☐☐☐
f) Fluss in Berlin   ☐☐☐☐☐
g) Heißes Getränk   ☐☐☐☐☐☐
h) Niederschlag im Winter ☐☐☐☐☐☐
i) Islamisches Bethaus   ☐☐☐☐☐☐☐
j) Baumart / Gewürz   ☐☐☐☐☐☐☐

Langes e als eh

Tipp: Ein e mit Dehnungs-h steht in den meisten Fällen vor den Buchstaben l, m, n oder r. Das heißt jedoch nicht, dass vor diesen Buchstaben immer ein Dehnungs-h stehen muss!

B Die Dehnung

12. Die Wortteile oben und unten passen zusammen, aber welcher Mittelteil gehört jeweils dazu? Füge die Elemente zusammen und schreibe die Wörter anschließend auf die Zeilen.

```
                              a
          v              V    e  n
          e              B  e    m  g                    a
          r              e  r    p  e              s     n
  s  z  L  K  z  s  f  k  n  f  n  L  F  M  m  t  k  l  l
```

| ehl | ehr | ehn | ehm |

```
  n e e e        e e      e e       e e i e
  e n            n n      r r       n n g n
  n
```

ehl _____
     _____

ehr _____
     _____

ehn _____
     _____

ehm _____
     _____

13. Ergänze auf der nächsten Seite die fehlenden Verbformen im Präsens. Achte dabei besonders darauf, dass du beim Schreiben das Dehnungs-h nicht vergisst!

2 Langes e

Infinitiv	2. Person Singular	3. Person Singular
stehen	du _____	er _____
_____	du siehst	sie _____
_____	du _____	er geht
verstehen	du _____	sie _____
_____	du drehst	er _____

14. Im folgenden Lückentext kommen alle Schreibweisen des langen e (e – ee – eh) vor. Überlege gut und ergänze dann die fehlenden Buchstaben.

Der Poltergeist

Seit kurzem gab es im Schloss einen neuen Gärtner namens P_____ter.

Er war eingestellt worden um die B_____te und All_____n zu

pfl_____gen. Er hatte nur s_____r w_____nig Angst vor dem Spuk

der Schlossgeister.

Aus diesem Grund wandte sich der Butler an ihn. Der hatte nämlich so

schw_____re Träume

gehabt wie noch nie zuvor

im L_____ben. Die ganze

Nacht war ein

Sch_____mel durch sein

Zimmer getanzt.

„Das war ein _____wiges

Hin und H_____r!",

B Die Dehnung

beschw_____rte er sich. „Oh, wie s_____r s_____ne ich mich nach einer ruhigen Nacht!" – „Ein Sch_____mel also, ohne L_____ne …", meinte P_____ter nachdenklich. „Wissen Sie vielleicht, w_____m der Sch_____mel früher gehört hat?" – „Einem der z_____n Kinder des Grafen, n_____me ich an", sagte der Butler. „Starb eines der Kinder eines gewaltsamen Todes?", fragte der Gärtner. Der Butler überl_____gte eine Weile. „Man sagt, der z_____njährige Cornelius verz_____rte Gel_____ aus giftigen B_____ren", meinte er dann. P_____ter ging in die Schlossbiblioth_____k und k_____rte mit der Familienchronik zurück. „Ich hab's!", rief er dem Butler entg_____gen. „Das Kind starb am 29. F_____bruar, also genau heute vor 250 Jahren. Deshalb war es letzte Nacht so unruhig. Ein einfaches Poltergeist-Probl_____m." Der Butler atmete auf. „Und ein s_____r beruhigendes Datum!", sagte er. „Kommt nur alle vier Jahre vor. Ich sorge in Zukunft am besten dafür, dass der Sch_____mel in dieser Nacht nicht im Zimmer st_____t!"

3 Langes i

Beim langen i gibt es vier Möglichkeiten der Schreibung. Durch die Beispiele der folgenden Übung siehst du schon, welche Schreibweisen häufiger und welche nicht so oft vorkommen.

15. Ordne die Wörter aus dem Kasten der entsprechenden Gruppe zu und schreibe sie auf die Zeilen.

> er sieht   ihnen   verbieten   wieder   mir
> Lied   Miete   Bandit   ihn   schielen   Primel   du ziehst

3 Langes i

ie _____

_____

i _____

ieh _____

ih _____

Langes i als einfaches i

Die Wörter der nächsten Übung, in denen das lange i als einfaches i geschrieben wird, solltest du dir gut merken.

16. Eine Übung für Detektive! Kannst du die Spiegelschrift entziffern? Schreibe die Wörter richtig auf die Zeilen.

Kaninchen   Pilot   Paradies   Prise   Primel
mir
Prise   Klima   Sirup   Bandit   Bibel   Krokodil
Gipf
Kino   Bibliothek   Liter   Tiger   Titel
wir   Lili   Pirat   Musik   Tiger   Bibel

_____
_____
_____
_____
_____
_____

B Die Dehnung

Außer den Merkwörtern von Übung 16 werden auch alle Wörter auf *in*, *ine* und *iv* mit einfachem i geschrieben.

17. Suche die Antworten und ergänze die Kästchen mit den fehlenden Buchstaben der Lösungswörter.

a) Ein Auto braucht zum Fahren … ☐☐☐☐|i|n|

b) Orangensaft enthält viel … C. ☐☐☐☐|i|n|

c) Farbflecken entfernt man mit … ☐☐☐☐☐☐|i|n|

d) Gemütlich ist ein Feuer im … ☐☐☐|i|n|

e) Ein weiblicher Vorname ist … ☐☐☐☐|i|n|e|

f) Vor dem Fenster hängt oft eine … ☐☐☐☐☐|i|n|e|

g) Aufs Brot streicht man Butter oder … ☐☐☐☐☐☐|i|n|e|

h) Ein anderes Wort für Orange ist … ☐☐☐☐☐☐|i|n|e|

i) Skifahrer können davon verschüttet werden. ☐☐☐|i|n|e|

j) Jeder Heimwerker braucht eine Bohr… ☐☐☐☐|i|n|e|

k) *Eigenschaftswort* heißt auf Lateinisch … ☐☐☐☐☐☐|i|v|

l) *Namenwort* heißt auf Lateinisch … ☐☐☐☐☐☐☐|i|v|

m) Die Grundform des Verbs heißt auf Lateinisch … ☐☐☐☐☐☐☐|i|v|

n) Ein Optimist denkt immer … ☐☐☐☐☐|i|v|

o) Ein Pessimist sieht dagegen alles … ☐☐☐☐☐☐|i|v|

3 Langes i

Langes i als ieh

18. Setze den folgenden Text ins Präsens und schreibe dabei die Präsens-Formen der farbig gedruckten Verben auf die Zeilen. Alle Präsens-Formen enthalten das lange i in der Schreibung ieh. Präge sie dir gut ein!

Er sah dich an mit seinen eisigen Augen und befahl dir ihn durchzulassen. Als er im Geschäft war, zog er der Frau unbemerkt die Geldbörse aus der Tasche: Er bestahl sie und empfahl uns den Mund zu halten. Aber als er einen Moment nicht hinsah, stahlst du dem Dieb das Portemonnaie. Unbemerkt zogst du die Tür hinter dir zu, ranntest zum Supermarkt zurück und gabst die Börse dort ab.

_____

_____

_____

Die Verben *leihen* und *verzeihen* haben im Präteritum und im Perfekt ein langes i in der Schreibung ieh: ich lieh / ich habe geliehen, ich verzieh / ich habe verziehen.

Langes i als ih

Tipp: Die Wörter mit ih kannst du dir sehr einfach merken. Es sind die Pronomen *ihn, ihr* und *ihm* mit allen Endungen und in allen Ableitungen.

19. Schreibe die passenden Formen des Pronomens auf die Zeilen.

Moni und Yvonne waren einmal meine Freundinnen. Aber jetzt bin ich nicht mehr gern mit _____ zusammen. Moni bringt immer _____ neuen Hund mit – und wenn ich _____ nur ansehe, dann knurrt er mich an. Eines Tages werde ich bestimmt Probleme mit _____ bekommen.

B Die Dehnung

Yvonne redet nur noch über _____ Ballettstunden.

_____wegen werde ich mich aber nicht zum Tanzen anmelden, auch wenn _____ Freundin Moni das tut. Die nimmt nämlich auch dorthin _____ Hund mit. Yvonne sagt, dass der Ballettlehrer _____ das erlaubt. Der wird schon sehen, was er davon hat. Ich wünsche _____ viel Vergnügen!

20. Im folgenden Lückentext kommen alle Schreibweisen des langen i (i – ih – ie – ieh) vor. Überlege gut und ergänze dann die fehlenden Buchstaben.

Tipp: Alle Wörter mit langem i, die du in diesem Kapitel nicht geübt hast, werden mit ie geschrieben.

Das Kan___chen und die Law___ne

„M_____r ist langweilig!", klagte Rassel, das kleine Gespenst. „Habt _____r v_____lleicht eine _____dee, was ich machen kann?"

„Aber du hast doch neulich so schön mit den Gard_____nen im blauen Salon gesp_____lt", meinte die blasse Kunigunde und setzte _____r romantisches Gesicht auf. „Es s_____t aus w_____ eine zarte Br_____se, die sich l_____bevoll in d_____ Seide schm_____gt. M_____r bl_____b fast das Herz stehen bei so v_____l Schönheit!"

„Fl_____gende Gard_____nen interess_____ren mich d_____se Woche aber nicht!", sagte Rassel trotzig. „W_____so gehst du nicht in d_____ Bibliothek und l_____st?", fragte Graf Hagen. „Ich glaube, vor v_____rhunderts_____ben Jahren l_____ ich m_____r einen interessanten T_____tel von König Karl!" „Aber er hat doch noch

3 Langes i

n____ gerne gelesen!", r____f Rassels Mutter, die sch____lende Sab____ne.

„Dann erzähle ich d____r von meinen Abenteuern am N____l!", schlug der f____se S____gfr____d vor, dem ebenfalls langweilig war. „Oder z____st du vor, etwas über meine Zeit als P____rat zu hören? Du weißt, ich habe v____l erlebt!" „Ja, r____sig!", schr____ das kleine Gespenst begeistert. „Aber zuerst hätte ich am l____bsten die Geschichte von der Law____ne und dem Kan____chen!" Und so setzten sich beide vor den Kam____n und vertr____ben sich mit dem Erzählen von Geschichten d____ Zeit.

B Die Dehnung

4 Langes o / ö

Beim langen o gibt es wieder die drei Schreibweisen, die du schon bei a und e kennen gelernt hast: oo, oh und o.
Beim langen ö hast du nur zwei Möglichkeiten (öh und ö), da zwei Umlaute in Folge im Deutschen nicht vorkommen.

Langes o als oo

Nur fünf Wörter, die du wahrscheinlich schon gut kennst, werden mit oo geschrieben.

21. Setze die fünf Wörter mit oo aus den Buchstaben zusammen und schreibe sie auf die Zeilen.

oo M r oo t d B f Z s oo M oo oo

22. Erfinde selbst eine Mini-Geschichte, in der die fünf Wörter vorkommen und schreibe sie auf die Zeilen.
Es macht nichts, wenn die Geschichte verrückt klingt: Je verrückter die Geschichte, desto leichter kannst du dir die fünf Wörter merken.

4 Langes o / ö

Du weißt ja: Die Buchstabenfolge öö gibt es im Deutschen nicht. Deswegen werden mögliche Verkleinerungsformen von Wörtern mit oo mit einfachem ö geschrieben: das Boot – das Bötchen.

Langes o als oh

Was du schon bei den anderen Vokalen gelernt hast, gilt auch für das lange o als oh: Das Dehnungs-h steht meist vor l, m, n oder r.

23. Die Kästchen enthalten 13 Wörter mit oh. Suche den Satz, aus dem das jeweilige Wort herausgefallen ist und trage es dort in der richtigen Groß- und Kleinschreibung ein. Verwendete Wörter streichst du in den Kästchen durch.

a) Wir haben viele junge Tiere auf diesem Bauernhof: Küken, Lämmer, Ferkel und _____.

b) Ich bringe die Schuhe zum Schuster. Die _____ müssen erneuert werden.

c) Stimmt es, dass Sie den Kaffee _____ Zucker nehmen?

d) In alter Zeit heizte man mit _____.

e) Er ist zu ungeschickt, um mit dieser Maschine zu _____.

B Die Dehnung

f) Chili con Carne macht man mit roten _____.

g) Diese Stadt ist mir zu laut. Ich möchte hier nicht länger _____.

h) Sauerkraut wird aus Weiß_____ hergestellt.

i) Nie hörst du zu! Ich wollte kein Kümmelbrötchen, sondern ein _____brötchen.

j) Obwohl die Arbeit hart ist, bekommt er nur wenig _____.

k) Ich glaube, dort auf dem Baum sitzen zwei _____.

l) Mein _____ kann heute nicht kommen, er hat starke _____schmerzen.

Langes ö als öh

Verschiedene Wörter, die mit oh geschrieben werden, können Verwandte mit der Buchstabenkombination öh haben.

24. Findest du die verwandten Stammwörter mit oh? Einige davon kommen in Übung 23 vor, andere sind neu. Schreibe deine Vorschläge auf die Zeilen und vergleiche sie anschließend mit den Lösungen im Anhang dieses Buches.

a) Söhnchen, versöhnen   *Sohn* _____

b) löhnen   _____

c) Öhrchen   _____

d) gewöhnen, gewöhnlich   _____

e) Röhrchen, röhren   _____

f) fröhlich   _____

g) aushöhlen, Höhle   _____

4 Langes o / ö

25. Sechs Wörter mit öh, die nicht von Stammwörtern mit oh abgeleitet werden können, findest du in diesem kleinen Silbenrätsel. Setze die Silben richtig zusammen und schreibe die Wörter auf die Zeilen.

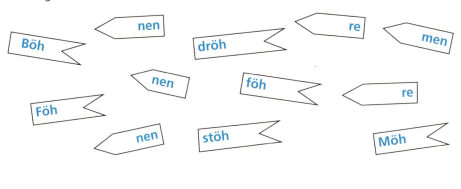

_____

_____

26. Jetzt kannst du testen, ob du die verschiedenen Schreibungen des langen o / ö gut kannst. Ergänze die Lücken durch oo, oh, öh, o oder ö.

M____sr____schen	l____s	sch____n
F____nfrisur	bl____ß	B____tsfahrt
N____t	T____d	B____ne
B____men	h____l	D____m
dr____nen	Thr____n	Str____m
bel____nen	Hochm____r	St____ß
M____re	b____se	W____nung
Br____t	r____t	T____r
M____nblume	M____nd	H____nig
gew____nlich	tr____stlich	Z____wärter

45

B Die Dehnung

5 Langes u / ü

Langes u als uu gibt es nicht. In wenigen Wörtern kann es zwar vorkommen, dass zwei u hintereinander geschrieben werden; dabei hörst du aber immer deutlich die zwei u. Beispiel: die Genugtuung

27. Bei einigen Wörtern gibt es die Kombination *au + ung*. Solche Beispiele kommen in dieser Übung vor. Schreibe die fehlenden Buchstaben in die Kästchen.

a) V _ r d _ _ _ n g

b) A n s _ h _ _ _ _

c) S t _ _ _ _ _

d) E _ b _ _ _ _

e) T r _ _ _ _ _

f) B _ b _ _ _ _

Langes u als einfaches u

Tipp: Die Vorsilben *Ur* und *ur* (nicht verwechseln mit *Uhr*!) sowie die Nachsilbe *tum* werden immer mit einfachem u geschrieben.

28. Finde selbstständig je drei Beispiele mit den Vorsilben *Ur, ur* und der Nachsilbe *tum*. Schreibe deine Vorschläge auf die Zeilen und vergleiche sie anschließend mit den Lösungen im Anhang dieses Buches.

Ur _____

_____

ur _____

_____

tum _____

_____

46

Langes u als uh

29. In dieser Übung geht es um wichtige Wörter mit uh – sie sind aber rückwärts geschrieben und in der falschen Reihenfolge. Schreibe die Wörter zunächst in der linken Spalte richtig auf die Zeilen und ergänze mit diesen Wörtern dann die passenden Sätze in der rechten Spalte.

rhurfuA

_____

rhU

_____

mhuR

_____

nhuH

_____

tlhus

_____

lhutS

_____

rhuR

_____

rhuf

_____

a) Vor dem Fahr_____ blieben die Leute stehen und diskutierten heftig. Es gab einen richtigen _____.

b) Als ich vor zwei Wochen ins _____gebiet _____, fiel mir auf, dass die Menschen dort einen besonderen Dialekt sprechen.

c) Ich muss meine _____ verloren haben, als ich versuchte das _____ zu fangen.

d) Wenn er sich wie ein Schwein im Schlamm _____, wird ihm das sicher wenig _____ einbringen.

B Die Dehnung

Langes ü als üh

30. Zu den Wörtern *Stuhl*, *Ruhm* und *fuhr* aus der Übung 29 gibt es viele Zusammensetzungen und Wortverwandte mit üh. Suche zu jedem Wort fünf Beispiele mit üh und schreibe sie auf die Zeilen.

Stuhl _Stühle,_ _____

_____

Ruhm _____

_____

fuhr _____

_____

31. Alle üh-Wörter dieser Übung haben zwei Silben, die im Kasten aber falsch kombiniert sind. Kannst du die richtigen Paare finden, sodass sinnvolle Wörter entstehen? Die Erklärungen unten helfen dir dabei.

| Ge-rend | rüh-ne | be-len | füh-ne | Kühn-le |
| Wühl-heit | Müh-schrank | Büh-maus | Süh-rührt | Kühl-bühr |

a) Ein anderes Wort für *anfassen* (3. Person Singular) _____

b) Kalter Ort zum Aufbewahren von Lebensmitteln _____

c) Der Schauspieler betrat die … _____

d) Ein anderes Wort für *Mut* _____

e) Ein anderes Wort für *bewegend* _____

f) Bezahlung für Anmeldung _____

g) Ein anderes Wort für *Strafe* _____

h) Ein Nagetier _____

i) Ein anderes Wort für *spüren* _____

j) Ein Ort, wo etwas gemahlen wird _____

Gleich und ähnlich klingende Laute   C

Bei Lauten, die gleich oder die sich sehr ähnlich klingen, kannst du dir für die richtige Schreibung mit ein paar Kniffen sehr gut helfen: Ableitungen, Verlängerungen und Lernwörter heißen die Zauberformeln. In diesem Kapitel lernst du die Tricks kennen und kannst sie gleich in den Übungen anwenden.

1 b / p – d / t – g / k

Am Anfang eines Wortes oder einer Silbe kann man diese Buchstaben durch deutliche Aussprache gut unterscheiden.

Tipp: Sprich die Buchstaben am Wort- oder Silbenanfang immer deutlich aus. Dadurch erleichterst du dir das richtige Schreiben der Wörter.

1. Sprich dir die Wörter dieser Übung zunächst laut und deutlich vor. Ergänze dann den fehlenden Buchstaben. Achte dabei auf die Groß- und Kleinschreibung.

a) B / b oder P / p?

das ___latt   die ___lume   ab___rechen

an___reisen   der ___anzer   ___rivat

das ___ett   das ___aket   ___ersönlich

die ___ank   die ___lanke   ___lank

b) D / d oder T / t?

___rücken   ___reiben   ver___rängen

___unstig   ___riefen   das Ab___eil

der Ver___russ   die Ab___ei   ent___äuschen

er___rinken   ___rüb   ___rüben

49

C Gleich und ähnlich klingende Laute

c) **G / g oder K / k?**

das ___las   das ___leid   die ___rimasse

___rau   das ___raut   der ___rümel

ein ___raben   ent___leiten   ent___leiden

das ___ramm   der ___ran   das Re___al

Tipp: Lies dir die Wörter von Übung 1 so lange laut vor, bis du den Buchstaben, um den es geht, genau hörst. Schreibe dir die Wörter immer wieder auf und übe das laute Lesen regelmäßig. Das macht zwar etwas Mühe, erleichtert dir aber die richtige Schreibung.

Wenn b / p, d / t, g und k am Ende eines Wortes oder einer Silbe stehen, dann nützt ein noch so genaues Hinhören bei der Aussprache nichts mehr. Die hörbaren Unterschiede verschwinden. Das ist auch dann der Fall, wenn ein anderer Konsonant folgt.

- Ein b klingt so hart wie ein p: gab, erlaubt, Haupt.
- Ein d klingt so hart wie ein t: lud, Verbandszeug, Wut.
- Ein g klingt so hart wie ein k: Weg, legt, Hektik.

Erst durch Verlängerung kannst du in den meisten Fällen das Problem lösen. Du weißt ja: Verlängern kannst du

- durch Bildung des Infinitivs, zum Beispiel er lobt → loben;
- durch Bildung des Plurals, zum Beispiel Bild → Bilder;
- durch Bildung der Steigerungsform, zum Beispiel stark → stärker.

Auch das Grundwort oder eine andere Wortart kann helfen, zum Beispiel kläglich → klagen.

Als Faustregel gilt: Wenn es zu einem Wort keine Verlängerung gibt, bei der ein Vokal auf den fraglichen Buchstaben folgt, dann schreibst du p, t oder k (nicht b, d oder g).

Und noch ein Tipp: Bei zusammengesetzten Wörtern trennst du vor der Verlängerung den Teil ab, in dem der Buchstabe steckt, über den du etwas erfahren möchtest.
Das geht so: Nehmen wir als Beispiel das Wort *Steigbügel*. Du bist dir vielleicht nicht sicher, ob du *Steig* mit g oder k schreiben musst, denn beim Hören klingt in diesem Fall das g wie ein k. Du trennst *Steig* ab und verlängerst es. Für unser Beispiel eignet sich die Verlängerung durch den Infinitiv:
Steig → *steigen*. Und schon hörst du das g und schreibst *Steigbügel* richtig!

1 b / p – d / t – g / k

2. Fehlt hier b oder p? Verlängere die Wörter so, dass ein Vokal (meist ein e) auf den Buchstaben folgt, um den es geht. Bei zusammengesetzten Wörtern trennst du den verlängerbaren Teil ab und verlängerst nur diesen. Schreibe deine Vorschläge auf die Zeilen und vergleiche sie anschließend mit den Lösungen im Anhang dieses Buches.

a) der Die_b_stahl   Diebe_____

b) die Gra___kapelle   _____

c) er hu___t   _____

d) er trei___t   _____

e) gel___   _____

f) es klum___t   _____

g) die Schu___karre   _____

h) unglau___lich   _____

i) er rau___t   _____

Die folgenden Ausnahmen solltest du dir besonders gut merken.
Diese Wörter kann man nicht verlängern, sie werden aber mit b geschrieben:

Erbse   Obst   Abt   Herbst
Krebs   Knoblauch   hübsch   Rebhuhn

3. Ergänze die Lücken durch b oder p.

Zweimal im Jahr, im A___ril und im Se___tember, geht der A___t des

Klosters mit seinem Mo___s auf die Jagd. Im letzten Her___st war

der A___t sehr aufgeregt – er musste

in Kürze nach Rom zur Audienz beim

Pa___st. Er war so nervös, dass er

sich sel___st ins Bein schoss und für

sechs Wochen einen Gi___s bekam.

C Gleich und ähnlich klingende Laute

Da musste er hü___sch im Bett bleiben. Und statt Re___huhnpastete mit

Er___sen gab es nur Klo___se mit O___st. Aber er war ganz zufrieden.

„Hau___tsache, ich muss nicht gleich zum Pa___st!", sagte er und malte

kleine Kre___se auf seinen Gi___s.

4. Die Vorsilben *ab* und *ob* werden immer mit b geschrieben.
Welche Zusammensetzungen mit *ob* und *ab* findest du?
Verbinde – wo es möglich ist – die Silben mit den passenden Wortteilen
in den einzelnen Spalten und schreibe die Wörter auf die Zeilen.

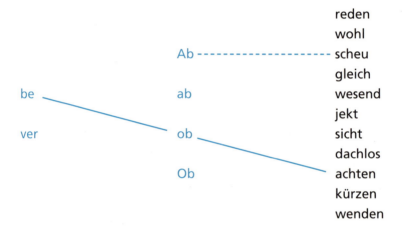

beobachten, Abscheu, _____

_____

_____

5. Fehlt hier d oder t? Verlängere die Wörter so, dass ein Vokal (meist ein e)
auf den Buchstaben folgt, um den es geht. Bei zusammengesetzten
Wörtern trennst du den verlängerbaren Teil ab und verlängerst nur diesen.
Schreibe deine Vorschläge auf die Zeilen und vergleiche sie anschließend mit
den Lösungen im Anhang dieses Buches.

a) der Wal_d_mensch   Wälder _____

b) er verban___   _____

1 b / p – d / t – g / k

c) die Ran___gruppe   _____

d) al___deutsch   _____

e) Wei___sprung   _____

f) das Klei___   _____

g) der Wan___schrank   _____

h) der Win___   _____

i) kin___lich   _____

End / end oder Ent / ent?

Diese Frage kannst du leicht beantworten: Wörter, deren Bedeutung etwas mit *Ende* zu tun hat, werden mit d (wie En*d*e) geschrieben. Wenn du alle anderen dann mit t schreibst, wirst du damit immer richtig liegen.

6. Überlege dir zunächst die Bedeutung der Wörter und setze anschließend End / end oder Ent / ent in die Lücken ein.

_____lich   _____gegen   _____zündet

_____gültig   _____spannung   _____führung

_____spurt   _____täuschung   _____lang

_____ziffer   _____los   _____station

7. Findest du die Lösungen? Sie werden alle mit *End* oder *end* geschrieben. Trage sie in die Kästchen ein.

a) Hohes Tempo am Ende des Rennens

b) Ohne Ende

c) Das, was am Ende gilt, ist …

d) Letzte Ziffer einer großen Zahl

53

C Gleich und ähnlich klingende Laute

e) Letzte Haltestelle des Zuges

f) Ein anderes Wort für *schließlich*

Seid oder seit?

Tipp: Die beiden Wörter klingen gleich. Du kannst sie jedoch durch ihre Bedeutung gut voneinander unterscheiden.

- *Seid* ist die konjugierte Form des Verbs *sein* in der 2. Person Plural.
  Beispiel: Ihr seid zu Hause.
- *Seit* ist ein Zeitadverb und antwortet auf die Frage *wie lange?* oder *seit wann?*
  Beispiel: Seit wann ist er weg? – Seit Montag.

8. Seid oder seit? Ergänze die Lücken.

a) Ich weiß, ihr _____ müde und hungrig.

b) _____ ich angefangen habe, diese Mathematikaufgabe zu erklären,

_____ ihr zu nichts mehr zu gebrauchen.

c) _____ wann habt ihr schon Ferien?

d) _____ ihr zufrieden, _____ ihr bei ihm Mathe lernt?

9. Fehlt hier g oder k? Verlängere die Wörter so, dass ein Vokal (meist ein e) auf den Buchstaben folgt, um den es geht. Bei zusammengesetzten Wörtern trennst du den verlängerbaren Teil ab und verlängerst nur diesen. Schreibe deine Vorschläge auf die Zeilen und vergleiche sie anschließend mit den Lösungen im Anhang dieses Buches.

a) ihr win_k_t   *winken*

b) erfol___reich

c) das Vol___

d) klu___

e) Bertru___

1 b / p – d / t – g / k

f) star___ _____

g) das Gelen___ _____

h) die Tei___schüssel _____

i) du le___st _____

10. Ein kleines Ratespiel mit Teekesselchen. Die Lösungen enthalten Wörter mit g oder k, die jeweils gleich ausgesprochen, aber unterschiedlich geschrieben werden. Findest du sie?

a) Mein Teekesselchen steht in der 3. Person Singular und …

… hat die Bedeutung *ein Lied von sich geben* –

Antwort: er _____

… hat die Bedeutung *sich nicht über Wasser halten können* –

Antwort: es _____

b) Mein Teekesselchen ist ein Partizip Perfekt, beginnt mit *ver* und …

… hat die Bedeutung *leicht angebrannt* –

Antwort: Ich habe mir das Haar _____

… hat die Bedeutung *zum Untergang bringen* –

Antwort: Er hat das Schiff _____

Die folgenden Ausnahmen solltest du dir besonders gut merken.
Diese Wörter kann man nicht verlängern, sie werden aber mit g geschrieben:

| Angst | Hengst | weg |
| Smog | Magd | Ereignis |

11. Ergänze die Lücken durch g oder k.

Der Do___tor ruft seine Ma___d und fragt: „Welches Erei___nis hat

unseren Archite___ten so in Konfli___t gebracht, dass er we___ging ohne

seinen Taba___ mitzunehmen?" – „Es war der Smo___, Herr Do___tor.

55

C Gleich und ähnlich klingende Laute

Er bekam von der schlechten Luft einen schrecklichen Hustenanfall, sodass er dem Taba___ für immer abschwor."

„Dann muss man ja dire___t sagen, dass der Smo___ etwas Gutes bewirkt hat." – „Das lässt sich nicht leu___nen, Herr Do___tor", sagt die Ma___d und wirft den Taba___ we___.

2 -ig – -lich – -isch

Bei diesen Endungen kann man leicht Fehler machen, besonders dann, wenn man sie nicht deutlich ausspricht. Eine zusätzliche Schwierigkeit: Im Auslaut (am Ende eines Wortes) ist kein Unterschied zwischen *ig* und *ich* zu hören. So wird zum Beispiel das *ig* im Wort *König* wie *ich* gesprochen – eine zusätzliche Rechtschreibfalle!

Damit du die Falle vermeidest, ist es wiederum hilfreich, bei allen drei Endungen zum Mittel der Verlängerung zu greifen. Dann hörst du deutlich, wie du die Wörter schreiben musst. Hier je ein Beispiel für die drei Endungen mit Verlängerung:

traurig → der traurige Blick
fröhlich → das fröhliche Gesicht
spöttisch → das spöttische Grinsen

12. Verlängere jedes Wort durch ein *e* und entscheide, welche Endung richtig ist. Schreibe selbstständig zu jedem verlängerten Wort ein Beispiel mit Substantiv auf die Zeilen der nächsten Seite.

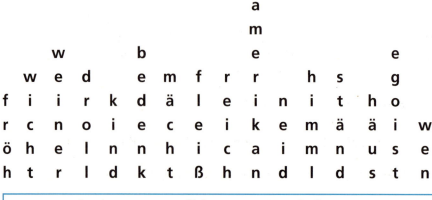

das fröhliche Kind, die wichtige Prüfung,

3 f – v – ph – pf

Beginnen wir mit dem Buchstaben v. Um für die Rechtschreibung fit zu sein, solltest du die folgenden Wörter auswendig lernen. Wenn du die Wörter laut liest, wird dir außerdem auffallen, dass manchmal der Buchstabe v wie w und manchmal wie f gesprochen wird. Also: Vorsicht Falle!

Vater	servieren	Vogel
Klavier	Vetter	Verkehr
Kurve	Vulkan	Universum
November	Pulver	privat

Weitere wichtige Wörter mit v spielen auch in der folgenden Übung eine Rolle. Du lernst sie am besten ebenfalls auswendig.

13. Findest du die Lösungen? Jedes Wort enthält ein v.
Ergänze die fehlenden Buchstaben.

a) Gegenteil von *leer* — ☐☐☐L

b) Anfangsstadium in der Entwicklung vieler Insekten — L☐☐☐☐

c) Wenn ich nervös bin, geht mir alles auf die … — ☐☐E☐☐☐

d) Reifenöffnung zur Luftregulierung — ☐☐☐☐☐☐L

e) Am 11.11. um 11 Uhr 11 beginnt der — K☐☐☐☐☐☐☐

C Gleich und ähnlich klingende Laute

f) Vier Wochen vor Weihnachten beginnt der | A | | | | |

g) Gefäß für Blumen | | | | E |

h) Warmes Kleidungsstück für den Oberkörper | | | | | | | R |

i) Letzter Tag des Jahres | S | | | | | | | |

Wortzusammensetzungen mit *viel, voll, ver* und *vor* werden mit v geschrieben.

Eselsbrücke: Vier Vorsilben werden viel zu oft vollkommen verkehrt geschrieben – das soll dich an die richtige Schreibung mit v erinnern.

14. Bei den folgenden Sätzen sind die Zusammensetzungen durcheinander geraten. Ersetze die falsche Vorsilbe durch die richtige. Streiche jeweils das farbige Wort durch und schreibe es richtig auf die Zeile im Satz.

a) Verleicht _____ komme ich dich morgen besuchen.

b) Dieser Vielschlag _____ gefällt mir überhaupt nicht.

c) Der Vollfraß _____ hat den ganzen Kuchen aufgegessen.

d) Sein Gesicht ist hinter dem Vorbart _____ gar nicht zu erkennen.

e) Warum nur hast du mein Geheimnis vollraten _____?

f) Das ist Schokolade aus Vielmilch _____.

g) Sie ist nicht dick, aber man könnte sie als vorschlank _____ bezeichnen.

3   f – v – ph – pf

h) Du isst saure Gurken mit Marmelade? Bist du

   vollrückt _____ geworden?

i) Er spricht ohne gefragt zu sein. Er ist ein etwas viellauter

   _____ Schüler.

j) Ich habe mein Wörterbuch vorloren _____.

k) Reg dich nicht so auf! So etwas kann schon einmal

   verkommen _____.

l) Bei den Schmetterlingen gibt die

   verfältigsten _____ Arten.

15. Suche nun selbstständig jeweils noch weitere fünf Wörter mit der angegebenen Vorsilbe und schreibe sie auf die Zeilen.

Wörter mit *viel:*   _____

_____

_____

Wörter mit *voll:*   _____

_____

_____

Wörter mit *ver:*   _____

_____

_____

Wörter mit *vor:*   _____

_____

_____

C   Gleich und ähnlich klingende Laute

pf oder f

Wörter mit pf kann man gut von solchen mit f oder v unterscheiden, denn bei deutlicher Aussprache ist das p hörbar.

16. Schreibe die Wörter aus dem Kasten neben die jeweils passenden Reimwörter. Verteile alle Wörter und streiche die verwendeten im Kasten durch.

---

klopfen   Schnupfen   Schlumpf   Tropf   Trumpf
Strumpf   Schopf   hüpfen   Schöpfer   Dampf
~~Topf~~   schimpfen   stumpf   tropfen
knüpfen   Kropf   Kupfer

Kopf   _Topf,_

Tupfer   _____

rupfen   _____

schlüpfen   _____

stopfen   _____

impfen   _____

Töpfer   _____

Rumpf   _____

Kampf   _____

17. Findest du ganz schnell und ohne langes Nachdenken zwölf Wörter, die mit Pf oder pf anfangen? Schreibe sie auf die Zeilen und vergleiche deine Vorschläge anschließend mit den Lösungen im Anhang dieses Buches.

_____

_____

_____

_____

ph oder f

Das ph kommt nur in einigen Fremdwörtern vor. Die wichtigsten findest du in der folgenden Liste. Lerne sie als Merkwörter auswendig. Wenn du ein Wort nicht kennst, dann schlägst du seine Bedeutung im Lexikon nach.

Alphabet	Asphalt	Atmosphäre
Diphthong	Phantom	Pharao
Pharmazie	Phase	Philharmonie
Philosoph	Phosphor	Prophezeiung
Physik	Strophe	Triumph

18. Zurück ins Geisterschloss … Im folgenden Lückentext kommen Wörter mit v, ph, pf und f vor. Die Übung ist nicht ganz einfach. Schaffst du sie trotzdem fehlerfrei? Überlege gut und ergänze dann die fehlenden Buchstaben.

Die Geschichte des ____ergifteten ____iloso____en

„Es war im No____ember, als man mich ____ergiftete, genau wie mir

eine ____instere alte ____rau pro____ezeit hatte", erzählte der

____erstorbene ____iloso____ dem kleinen Gespenst.

Er war erst ____or ein paar Wochen im Schloss aufgetaucht und bis

jetzt kannte noch niemand seine Geschichte.

„Ich hatte Schnu____en, deshalb schmeckte ich nicht ____iel, als

man mir das Essen ser____ierte. So wurde ich das O____er des

____ollkommen ____errückten ____ysikers, mit dem ich seit

____ier Jahren zerstritten war."

Das kleine Gespenst ____log ____erwirrt zum Weinregal hinauf und

setzte sich zwischen die ____ollen ____laschen. „Das ____erstehe

ich nicht!", rie____ es. „Du kanntest diese Pro____ezeiung und hast

nicht ____ersucht dich zu schützen?" – „Ich war so ____ertieft in

meine Arbeit, dass ich nicht darauf achtete. Ich war dabei, eine ganz

C Gleich und ähnlich klingende Laute

neue ____iloso____ie zu entwickeln."

„____erziehung", sagte Rassel, das kleine Gespenst, „aber das, ____inde ich, war ganz schön blöd. Als Geist kannst du mit deiner ____iloso____ie nie mehr berühmt werden!" – „____ielleicht doch!", schmunzelte der ____erstorbene. „Ich schlü____e, seit ich hier bin, ____ast jede Nacht in die Träume des Butlers und erkläre ihm alles. Noch hält er es für ____antasie, aber bald wird er ____erstehen, dass es ____iel mehr ist. Dann wird er an die Öffentlichkeit treten. Ich erlebe meinen Trium____, das ____ersichere ich dir – oder ich ____resse einen Besen!"

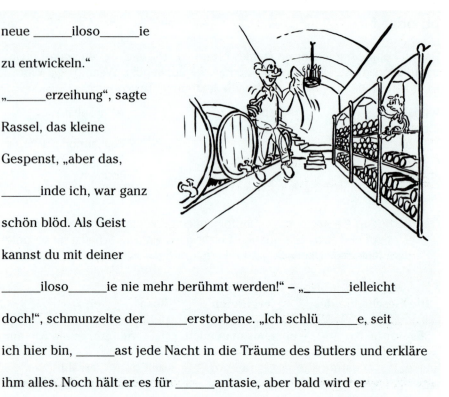

4 e oder ä – eu oder äu

e oder ä

Als Faustregel gilt: Die meisten Wörter mit ä lassen sich von Stammwörtern ableiten, die mit a geschrieben werden, zum Beispiel schämen ← Scham, täglich ← Tag.

19. Trage die folgenden Wörter in die passenden Kästchen auf der linken Seite ein. Schreibe dann in die Kästchen auf der rechten Seite die Stammwörter, von denen sie abgeleitet sind.

4 e oder ä – eu oder äu

~~Äste~~   Gämse   Händlerin   Gräte   erbärmlich
Räder   Gläser   behände   Stängel
älter   Schränke   kämmen   hässlich   nähen

| Ä | s | t | e |
| ä |
| R |
| G |
| G | r |
| b |
| n |
| h |
| G |
| k |
| H |
| S |
| S |
| e |

| A | s | t |

20. Nur wenige Wörter mit ä lassen sich nicht von Wörtern mit a ableiten. Die solltest du dir besonders einprägen.
Lerne die folgende Geschichte auswendig und merke dir besonders die farbigen Wörter.

Man ließ den bärenhaften Mann gewähren, als er spät im März eine Lärche absägte, die mitten in einem Feld mit wogenden Kornähren stand. Es gab viel Lärm, als er im Boden darunter den versteinerten Schädel eines Kängurus fand.

C Gleich und ähnlich klingende Laute

21. Kannst du den Text von Übung 20 schon auswendig? Dann trage jetzt die Wörter mit ä ohne zu spicken in die Lücken ein.

Man ließ den _____ Mann

_____, als er _____ im

_____ eine _____

_____, die mitten in einem Feld mit wogenden

_____ stand. Es gab viel

_____, als er im Boden darunter den versteinerten

_____ eines _____ fand.

Achtung, nicht verwechseln:
Lärche (= Nadelbaum) ↔ Lerche (= Vogel)
Ähre (= beim Getreide) ↔ Ehre (= Ruhm)

eu oder äu

Als Faustregel gilt: Die meisten Wörter mit äu lassen sich von Stammwörtern ableiten, die mit au geschrieben werden, zum Beispiel Bäume ↔ Baum, schäumen ↔ Schaum.

22. Suche zunächst das jeweilige Stammwort und schreibe es auf die Zeilen rechts. Danach ergänzt du die Lücken im Wort links daneben. Wenn du kein Stammwort mit au findest, machst du auf der Zeile einen Strich und ergänzt das linke Wort mit eu.

a) h_äu_slich   Haus

b) sch_eu_ßlich   -------

c) gr_____lich   _____

d) h_____fig   _____

e) l_____ten   _____

f) Geb_____de   _____

4   e oder ä – eu oder äu

g)   L_____te   _____

h)   K_____fer   _____

i)   M_____se   _____

j)   B_____te   _____

k)   H_____te   _____

l)   h_____te   _____

23. Suche jeweils drei Ableitungen mit ä oder äu zu den folgenden Stammwörtern und schreibe sie auf die Zeilen. Verwenden kannst du dafür zum Beispiel verwandte Substantive, Adjektive, Verben, Plural-, Verkleinerungs- und Steigerungsformen. Überprüfe deine Vorschläge anschließend mit den Lösungen im Anhang dieses Buches.

a)   glauben _gläubig, Gläubige, abergläubisch_ _____

b)   sauber   _____

c)   Haus   _____

d)   lachen   _____

e)   außen   _____

f)   lang   _____

g)   tragen   _____

h)   blasen   _____

i)   Tausch   _____

j)   Raub   _____

Tipp: Die folgenden Wörter werden mit äu geschrieben, auch wenn du sie nicht von Wörtern mit au ableiten kannst. Lerne sie am besten auswendig:

Knäuel – sträuben – Säule – räuspern – räudig

C Gleich und ähnlich klingende Laute

24. Erfinde nun selbst eine Minigeschichte mit diesen fünf Wörtern und schreibe sie auf die Zeilen.

_____

_____

_____

25. Welches Wort gehört in die Lücke? Wähle aus und schreibe es auf die Zeile.

a) Das _____ des Hundes hat uns vor dem Einbrecher gewarnt. (Bellen / Bällen)

b) Die _____ haben vor einer Woche ein Junges bekommen. (Bären / Beeren)

c) An dieser _____ ist der Unfall passiert. (Stelle / Ställe)

d) Das schöne _____ der Glocken werde ich nie vergessen. (Leuten / Läuten)

e) Im Baum sitzt eine _____ und singt. (Lerche / Lärche)

f) Diese _____ färben die Zähne dunkelblau.

(Beeren / Bären)

g) Warum ist das Vieh in den vorderen _____ so unruhig?

(Stellen / Ställen)

h) _____ verlieren im Winter ihre Nadeln.

(Lerchen / Lärchen)

i) Es ist mit eine große _____ Sie hier begrüßen zu dürfen. (Ehre / Ähre)

5 ai oder ei

Die Laute ai und ei werden gleich ausgesprochen. Glücklicherweise kommt ai im Deutschen recht selten vor – und zwar nur bei einigen Substantiven und zwei Eigennamen.

26. Welche Wörter mit ai fallen dir spontan ein? Schreibe sie auf die Zeilen.

_____

_____

_____

_____

27. In dieser Übung findest du alle Wörter mit ai. Ihre Buchstaben sind jedoch jeweils durcheinander gewirbelt. Bringe sie in die richtige Reihenfolge und schreibe die Wörter richtig auf die Zeilen. Kleiner Tipp: Da es sich nur um Substantive und Eigennamen handelt, beginnt jedes Wort mit einem Großbuchstaben.

a) i H a _____

b) a K i _____

c) M z n i a _____

d) a M i _____

e) a i c h L _____

f) i a L e _____

g) n H i a _____

h) a i M n _____

i) s i a M _____

j) K e r s a i _____

k) b L i a _____

C Gleich und ähnlich klingende Laute

l) i e a S t _____

m) e W i a s _____

n) a n T i u f _____

28. Die folgende Schlossgeschichte ist eine Aufzeichnung aus dem Tagebuch des Butlers. Er hat neun Fehler bei ei und ai gemacht. Findest du sie? Streiche sie rot an.

Freitag, 13. Mei

Gestern brachte ich einen Gast zu uns ins Gaisterschloss. Der Mann hatte, wie er mir erzählte, eine grauenhafte Schiffsreise hinter sich. Ein Teifun hatte ihn vom Schiff ins reißende Wasser geworfen. Fast wäre er von einem Hei gefressen worden. Zwei Tage lang hatte er sich allein von Fischlaich ernähren müssen. Völlig heruntergekommen und bleich stand er am Kei. Ich reichte ihm meine Hand und nahm ihn mit ins Schloss.
Der Mann bedankte sich überschwänglich, nachdem ich für ihn das Gästezimmer im Saitenflügel hergerichtet hatte. Als er lächelte, fielen mir seine reichlich spitzen Zähne auf. Doch um welch grauenhaftes Wesen es sich handelte, begriff ich erst später – um Mitternacht. Ich hörte einen Schrai und rannte aus meinem Zimmer. Auf dem Gang begegnete ich unserem Gast. Es war ein Vampir! Ich war blaich vor Schreck. Er meinte, er würde mich nicht beißen, weil ich es war, der ihn am Kai aufgelesen hatte. Aber ich waiß nicht, wie lange ich noch tatenlos zusehen kann ...

6 ks – cks – gs – x – chs

29. Schreibe die falschen Wörter aus dem Tagebuch-Text von Übung 28 richtig auf die Zeilen.

_____

_____

_____

6 ks – cks – gs – x – chs

Wörter mit ks, cks, gs und chs klingen oft wie Wörter mit x. Unterschiede bei der Schreibung kannst du erst feststellen, wenn du die Wörter so verlängerst, dass das s verschwindet:

du hakst → haken   du weckst → wecken
du magst → mögen   du lachst → lachen

30. Fehlt hier ks, cks, gs oder chs? Verlängere die Wörter, schreibe die Verlängerungen auf die Zeilen und ergänze anschließend die Lücken.

a) der Kni_____   _____

b) hinterrü_____   _____

c) du sti_____t   _____

d) die Strei_____   _____

e) der Kle_____   _____

f) lin_____   _____

g) du le_____t   _____

h) flu_____   _____

31. Besonders oft kommen die Buchstabenkombinationen ks, cks und gs bei Verben in der 2. Person Singular Präsens vor. Ergänze diese Formen und orientiere dich beim Schreiben am Infinitiv.

a) lügen   *du lügst*_____

b) streiken   _____

C Gleich und ähnlich klingende Laute

c) wecken _____

d) hinken _____

e) lenken _____

f) steigen _____

g) lecken _____

h) schenken _____

i) schicken _____

j) wiegen _____

Manche Wörter mit chs sind leider nicht durch Verlängerung oder andere Tricks zu erkennen. Du musst sie auswendig lernen. Einige von diesen Merkwörtern kommen in der nächsten Übung vor.

32. Wie heißt die Lösung? Jedes Wort enthält die Buchstaben chs. Fülle die Kästchen aus und vergleiche deine Vorschläge anschließend mit den Lösungen im Anhang dieses Buches.

a) Die Zahl nach *fünf*

b) Ein Kerze besteht aus ...

c) Ein schlaues Tier ist der ...

d) Ein Fisch

e) Ein anderes Wort für *Dose*

f) Ein deutsches Bundesland

g) Ein anderes Wort für *ändern*

h) Das Gegenteil von *mindestens*

Auch die Wörter, in denen der x-Laut tatsächlich als x geschrieben wird, solltest du dir gut einprägen. Einige wichtige Beispiele findest du in der folgenden Übung.

6 ks – cks – gs – x – chs

33. Die Wörter mit x sind in drei Gruppen sortiert und rückwärts geschrieben. Trenne sie zuerst durch Striche voneinander ab und schreibe sie dann auf die Zeilen. Achte dabei auf die richtige Groß- und Kleinschreibung.

a) **Wörter mit ax:**

IXATSIXARPXAMNLEXARKXAFTXA

_____   _____   _____

_____   _____   _____

b) **Wörter mit ux, ox und ix:**

GRUBMEXULSUXULNEXOBXIFNEXIMEXIN

_____   _____   _____   _____

_____   _____   _____   _____

c) **Wörter mit ex:**

REDNAXELAETREPXENEILITXETTKAXETXETNOKIXELSSERPXEEXEHNEMAXE

_____   _____   _____   _____

_____   _____   _____   _____

_____   _____   _____   _____

34. Fehlt hier cks, ks, gs, chs oder x? Ergänze die Lücken.

a) **Wörter mit u / ü:**

du schlu_____t   der Lu_____us

du lü_____t   hinterrü_____

er wu_____   der Fu_____

C Gleich und ähnlich klingende Laute

b) **Wörter mit i:**

er mi____t   du lie____t

der Kni____   du schi____t

du wie____t   die Ni____e

c) **Wörter mit e:**

der Te____t   die Sche____

unterwe____   du le____t

du we____t   das Le____ikon

d) **Wörter mit a / ä:**

das Wa____   das Fa____

der L____   das Gew____

er wä____t   die Pra____is

e) **Wörter mit o:**

du lo____t   der Bo____er

der O____e   du ho____t

die Scho____   der Ko____

Zusammengesetzte Wörter   D

1 Zusammensetzungen mit Substantiven

Im Deutschen können sich verschiedene Wortarten als Zusammensetzung zu einem Substantiv verbinden. Dazu drei Beispiele:

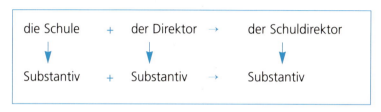

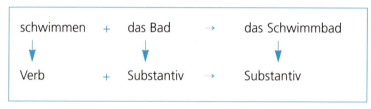

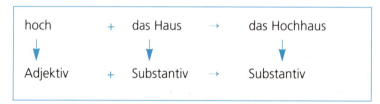

An der letzten Stelle der Zusammensetzung steht hier jeweils ein Substantiv (Direktor, Bad, Haus); deshalb gelten alle diese Zusammensetzungen als Substantive.

Substantive werden immer großgeschrieben – egal, ob der erste Teil ein anderes Substantiv, ein Verb oder ein Adjektiv ist.

Beim Anfangswort fallen manchmal Buchstaben weg, damit sich das zweite Wort besser anschließen kann:

Schul(e)direktor, Schwimm(en)bad.

D Zusammengesetzte Wörter

1. Probiere es gleich einmal: Verbinde passende Wörter mit Linien und schreibe sie als zusammengesetzte Substantive auf die Zeilen.

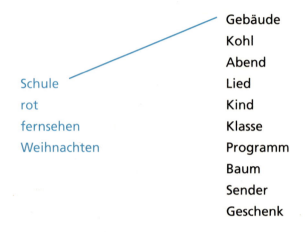

Schulgebäude, _____

_____

_____

_____

Tipp: Manchmal brauchst du einen Verbindungsbuchstaben wie s oder n zwischen beiden Wörtern, weil sich die Zusammensetzung dann leichter sprechen lässt:

Schaf + Wolle → Schaf**s**wolle
Kerze + Ständer → Kerze**n**ständer

2. Bilde sinnvolle Substantiv-Zusammensetzungen und überlege dabei, welcher Verbindungsbuchstabe (n oder s) passt.

Hosenanzug, _____

_____

_____

2 Zusammensetzungen mit Verben

Bei Zusammensetzungen mit Verben hast du es an der ersten Stelle des Wortes häufig mit Partikeln zu tun, die dem Verb eine genauere Bedeutung geben. Solche Partikel sind beispielsweise:

ab-	an-	auf-
aus-	ein-	vor-
mit-	nach-	weg-
zu-	um-	durch-

3. Welche Partikel aus der Liste lassen sich mit den folgenden Verben verbinden? Schreibe deine Vorschläge auf die Zeilen und vergleiche sie anschließend mit den Lösungen hinten in diesem Buch.

a) **steigen:**

    vom Pferd _____

    aus dem Bus _____

    in die Straßenbahn _____

    von einem Zug in den anderen _____

b) **fahren:**

    endlich _____

    mit Freunden _____

    von zu Hause _____

    unter der Brücke _____

D Zusammengesetzte Wörter

c) **kommen:**

zu Hause _____

etwas später _____

mit wenig Geld _____

für einen Schaden _____

d) **machen:**

das Licht _____

jeden Unsinn _____

etwas Gezeigtes _____

die Konservendose _____

e) **nehmen:**

viel Geld _____

an Gewicht _____

einen Schirm _____

dem Kind das Messer _____

Die Partikeln *hin* und *her* lassen sich mit vielen Verben zu einem Wort zusammensetzen, zum Beispiel *herbringen, hinnehmen* – auch in erweiterten Formen wie *herüberbringen, hinausgehen*.

Die Verben werden dann ziemlich lang, aber man schreibt sie trotzdem mit den Partikeln zusammen, auch im Perfekt:
er hat es herübergebracht, du bist hinausgegangen.

Ausnahme ist das Verb *sein*, das sich nicht mit Partikeln zu einem einzigen Wort verbinden lässt, sondern in zwei Wörtern geschrieben wird: *herum sein, hinüber gewesen*.

4. Welche Zusammensetzungen sind möglich? Finde zu jedem Verb zwei sinnvolle Beispiele und schreibe sie auf die Zeilen.

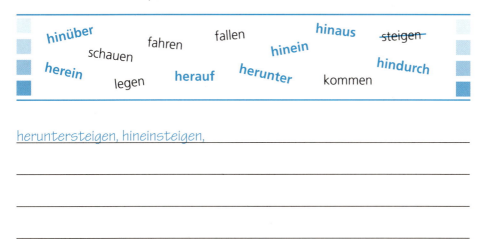

heruntersteigen, hineinsteigen, _____

_____

_____

_____

5. Überlege dir zu jedem Wort, das du in Übung 4 gefunden hast, einen sinnvollen Beispielsatz. Schreibe die Sätze auf ein Blatt Papier. Achte dabei besonders auf die Zusammenschreibung der Verben mit Partikeln.

3 Adjektiv-Zusammensetzungen

Adjektive können sich mit Adjektiven oder anderen Wortarten verbinden, wodurch das Ausgangsadjektiv meist näher bestimmt oder in seiner Bedeutung verstärkt wird. Beispiele hierfür sind:

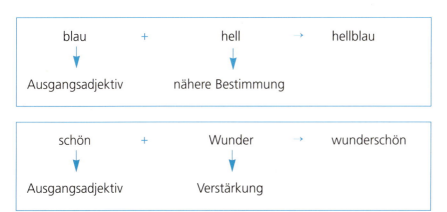

Weil das Ausgangsadjektiv hinten steht, gilt das ganze Wort als Adjektiv und wird kleingeschrieben. Solche Verbindungen werden außerdem immer zusammengeschrieben.

D Zusammengesetzte Wörter

6. Die folgenden Zusammensetzungen sind durcheinander geraten. Setze die Teile so zusammen, dass sie einen Sinn ergeben und ergänze mit deinen Lösungen die Lücken.

---

bitterweiß   todgrün   pfeilrund   ~~nagel~~munter

dunkel~~neu~~   kugelschnell   schneekalt   putzkrank

---

a) Er hat das Auto erst letzte Woche gekauft. Es ist noch

_nagelneu_____.

b) Sie hat sich kein hellblaues, sondern ein _____

Kleid gekauft.

c) Im letzten Winter gab es sehr viel Schnee und es war

_____.

d) Er hat zugenommen. Sein Bauch ist jetzt _____.

e) Die Flecken sind weg. Jetzt ist das Brautkleid wieder

_____.

f) Er hat wenig geschlafen, trotzdem ist er schon

_____.

g) Die Fußballmannschaft hat einen _____

Stürmer.

h) Sie war schon _____, als sie endlich

zum Arzt ging.

Groß- und Kleinschreibung   E

1 Allgemeine Regeln

Die wichtigsten Fälle, wo du im Deutschen großschreiben musst, sind:

- Am Satzanfang, also nach Punkt, Frage- oder Ausrufezeichen;
- das erste Wort in einer Überschrift;
- nach einem Doppelpunkt, wenn ein vollständiger Satz folgt;
- bei der Höflichkeitsanrede *Sie* mit allen flektierten Formen *(Ihr, Ihnen ...)*.

Außerdem werden alle Eigennamen, Substantive und substantivisch verwendete Wortarten großgeschrieben.

- Eigennamen: *Hamburg, Peter, Anja*
- Substantive und Eigennamen: *Mensch, Pflanze, Spielzeug*
- Substantivisch verwendete Wortarten: das *Kommen* und *Gehen*; das *Beste* ist gerade gut genug; er tappt im *Dunkeln*

2 Großschreibung von Substantiven

Bei Substantiven handelt es sich entweder um Lebewesen (Menschen, Tiere, Pflanzen), Dinge (Buch, Heft, Stift) oder abstrakte Begriffe. Abstraktes kann man nicht direkt sehen oder anfassen, wie zum Beispiel die Armut, die Bosheit, das Wunder.

1. Der folgende Kasten enthält verschiedene Wortarten. Umkreise die neun Substantive, die sich darunter befinden. Trage sie anschließend in der richtigen Schreibung in die entsprechende Spalte der Tabelle auf der nächsten Seite ein.

E Groß- und Kleinschreibung

Lebewesen	**Dinge**	**Abstraktes**
_____	_____	_____
_____	_____	_____
_____	_____	_____

2. Suche selbst zehn weitere Lebewesen sowie zehn konkrete Dinge und schreibe sie auf die Zeilen.

Lebewesen _____

_____

Dinge _____

_____

3. Viele Abstrakta enden auf *heit, keit, schaft, nis, ung* und *tum*. Findest du zu jedem der folgenden Wörter das zur Familie gehörende abstrakte Substantiv? Schreibe deine Vorschläge auf die Zeilen.

a) reich — *Reichtum*

b) ordentlich — _____

c) schön — _____

d) selbstständig — _____

e) weise — _____

f) neu — _____

g) Held — _____

h) sauber — _____

i) ärgerlich — _____

j) dumm — _____

k) sich ereignen — _____

3 Klein- und großgeschriebene Adjektive

Zwischen Artikel und Substantiv steht häufig ein Adjektiv, das das Substantiv näher erklärt oder bestimmt, zum Beispiel: der *alte* Mann, eine *neue* Maschine.

Wenn ein Adjektiv so zum Substantiv gehört, wird es kleingeschrieben.

4. Ergänze selbstständig passende Adjektive. Achte darauf, dass du sie kleinschreiben musst.

a) die _____ Schule

b) das _____ Pferd

c) das _____ Zeugnis

d) der _____ Traum

e) das _____ Hotel

f) die _____ Rose

Verwendest du ein Adjektiv wie ein Substantiv, musst du es großschreiben.

Beispiele: Der *Alte* humpelte über die Straße.
Die *Kleine* dort ist ihre Tochter.

5. Bilde aus den Adjektiven substantivierte Adjektive und trage sie in der richtigen Form in die Sätze ein. Denke dabei an die Großschreibung!

interessant *jung* *grün* *reich* *arm*
alt *neu* *krank*

a) Die _____ sollten den

_____ helfen, wenn sie krank

und schwach werden.

b) Unsere _____ werden sorgfältig von den Ärzten

und Schwestern betreut.

81

E Groß- und Kleinschreibung

c) Lasst uns doch am Wochenende mal ins

_____ fahren!

d) Wenige _____ könnten eine Menge

für die vielen _____ in unserer Stadt tun.

e) Wir haben eine _____ in der Klasse,

die viel _____ aus ihrer alten Schule erzählt.

4 Klein- und großgeschriebene Verben

Die dritte wichtige Gruppe sind die Verben. Sie lassen sich konjugieren (ich gehe, du gehst, er geht …) und in verschiedene Zeiten setzen (er ging, ich bin gegangen). Verben werden normalerweise kleingeschrieben.

6. Suche die sechs Verben aus den Wörtern im Kasten. Umkreise sie in Farbe und schreibe sie dann in den genannten Formen richtig auf die Zeilen.

```
LEIDER    MORGEN    (WARTET)    OFT
   AM    KETTE    BLEIBT   GARTEN   IST    HOFFT
   WISST    FREUNDLICH    SCHRIFT    SCHREIBST
```

Infinitiv	**Präteritum**	**Partizip Perfekt**
warten	wartete	gewartet

4 Klein- und großgeschriebene Verben

Es gibt Fälle, in denen Verben substantiviert werden. Sie stehen dann im Infinitiv und werden großgeschrieben.

7. Setze die Verben in substantivierter Form in die Lücken ein.

betreten   rauchen   schnarchen   warten   spielen   schlafen

a) Unser _____ hat sich gelohnt.

b) Ich trage dieses T-Shirt nur im Bett zum _____.

c) Das _____ der Gleise ist verboten.

d) Dein _____ jede Nacht macht mich verrückt.

e) Babsi holt Jennifer jeden Tag um drei Uhr zum _____ ab.

f) Ist das _____ hier erlaubt?

Tipp: Großgeschriebene Verben und Adjektive stehen
- nach bestimmten und unbestimmten Artikeln (der, die, das, ein, eine …),
- nach Possessivpronomen (mein, dein, sein …),
- nach Artikeln, die mit Präpositionen verschmolzen sind (zum, im, ins …),
- nach unbestimmten Zahlwörtern (viel, wenig, einiges, etwas …).

8. Schau dir noch einmal alle Sätze der Übungen 5 und 7 genau an. Darin kommen die im Tipp beschriebenen Fälle vor. So kannst du dir die Möglichkeiten der Großschreibung bei Verben und Adjektiven gut merken.

E Groß- und Kleinschreibung

9. Erkennst du die Fehler? Korrigiere die falsch geschriebenen Wörter in den folgenden Sätzen. Es geht dabei ausschließlich um die Großschreibung von Substantiven, substantivierten Verben und substantivierten Adjektiven. Schreibe die falschen Wörter richtig auf die Zeilen.

a) Der geisterjäger hatte nicht viel sinnvolles gegen die gespenster unternehmen können.

  Geisterjäger, _____

b) Für das kleine gespenst war die vorstellung, dass es niemanden mehr ärgern konnte, etwas schreckliches.

  _____

c) „Er ist unser kleinster, aber er sagt da etwas wahres!", meinte die blasse kunigunde.

  _____

d) Und dann sagte sie: „Zum spuken braucht man einfach ein paar menschen, denen man angst machen kann."

  _____

e) Das kochen dauerte an diesem tag sehr lange, sodass der butler zum nachschauen in die küche ging.

  _____

f) „So manches seltsame passiert heutzutage!", jammerte der koch. „Das küchenmädchen ist weg."

  _____

g) „Unter den reichen und berühmten würde sie einen Ehemann suchen, hatte sie vor dem verlassen des hauses gesagt."

  _____

Zeichensetzung

F

1 Satzendezeichen

Punkt, Fragezeichen oder Ausrufezeichen beenden einen Satz. Man nennt sie daher Satzendezeichen. Du weißt, dass man nach allen Satzendezeichen großschreibt.

Punkt

Ein Punkt steht am Ende eines Aussagesatzes. Um dieses Ende deutlich zu machen, gehst du beim lauten Lesen mit der Stimme nach unten und machst eine kleine Pause, bevor du mit dem nächsten Satz beginnst.

1. Ergänze die Satzende-Punkte und korrigiere – wo notwendig – die Groß- und Kleinschreibung am Satzanfang.

Tanja liebt Geistergeschichten sie hat ein ganzes Regal voll mit Vampir- und Gespensterbüchern am liebsten liest sie abends vor dem Schlafengehen sie muss das aber heimlich tun ihre Mutter macht sich sonst Sorgen, dass Tanja schlecht träumt

Fragezeichen

Ein Fragezeichen steht am Ende eines Fragesatzes. Es gibt zwei Arten von Fragen: entweder mit einem Fragewort (wie, wann, wo …) oder mit einem Verb am Anfang. Wenn du einen Fragesatz laut liest, gehst du am Satzende mit der Stimme nach oben.

F   Zeichensetzung

2. Wandle die folgenden Aussagesätze in Fragesätze um. Bilde jeweils zwei Fragen wie im Beispiel. Schreibe die Sätze auf die Zeilen und vergiss nicht, ein Fragezeichen ans Ende zu setzen.

a) Tanja liebt Gespenstergeschichten.

Wer liebt Gespenstergeschichten?

Liebt Tanja Gespenstergeschichten?

b) Tanja liest am liebsten abends.

Liest _____

Wann _____

c) Tanja muss heimlich lesen.

Wie _____

Muss _____

d) Tanja träumt von Geistern und Schlossgespenstern.

Von wem _____

Träumt _____

Ausrufezeichen

Ein Ausrufezeichen steht am Ende einer Aufforderung, einer Bitte / eines Wunsches oder eines Ausrufs. Hier einige Beispiele:

- Aufforderung   Setz dich doch!

- Bitte   Hilf mir bitte bei den Hausaufgaben!

- Wunsch   Hoffentlich schneit es an Weihnachten!

- Ausruf   Vorsicht, da kommt ein Auto!
                      Das ist ja fantastisch!
                      Oh nein!

3. Handelt es sich bei den Sätzen um eine Aufforderung, eine Bitte, einen Wunsch oder einen Ausruf? Ordne zu und verbinde die Sätze durch eine farbige Linie mit den Begriffen.

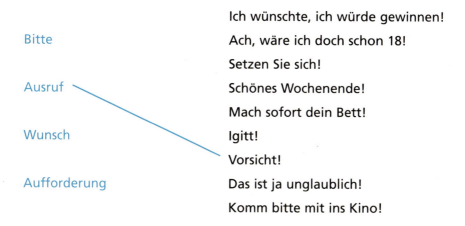

4. In dieser Übung kommen alle drei Satzendezeichen vor. Die genaue Anzahl der Zeichen erkennst du an den Kästchen. Setze jedes Zeichen an die richtige Stelle. Sobald du ein Satzendezeichen verwendet hast, streichst du das entsprechende Kästchen durch.

a) Ich habe Streit mit Jessica

b) So eine dumme Gans

c) Was sagst du

d) Morgen sehe ich sie im Sportverein

e) Bitte gib mir einen Rat

f) Wird sie sich bei mir entschuldigen

g) Oder würdest du an meiner Stelle den ersten Schritt tun

h) Wenn sie nur nicht immer diese Geschichten hinter meinem Rücken erzählen würde

i) Ich glaube, ich muss einmal ernsthaft mit ihr reden

F Zeichensetzung

2 Redezeichen

Alles, was eine Person in einem Text sagt, heißt *wörtliche* Rede.
Die wörtliche Rede wird in Anführungszeichen unten und Anführungszeichen oben (= Schlusszeichen) eingeschlossen.

Svenja behauptet: „Ich kann sehr gut auf mich allein aufpassen."

Oft steht ein Begleitsatz bei der wörtlichen Rede, der erklärt, wer etwas sagt. Er kann – wie im ersten Beispiel – vor der wörtlichen Rede stehen, aber manchmal findest du ihn auch danach oder zwischen zwei Redeteilen.
Schau dir einmal genauer an, wie du die Satz- und Redezeichen bei den drei verschiedenen Möglichkeiten setzen musst:

① Svenja behauptet: „Ich kann sehr gut auf mich allein aufpassen."

② „Ich kann sehr gut auf mich allein aufpassen", behauptet Svenja.

③ „Ich kann", behauptet Svenja, „sehr gut auf mich allein aufpassen."

Du siehst: Der Doppelpunkt steht nur dann, wenn sich der Begleitsatz vor der wörtlichen Rede befindet. In den anderen Fällen stehen Kommas zwischen Begleitsatz und wörtlicher Rede. Im Beispiel 3 musst du daran denken, dass jeder Redeteil eigene Redezeichen erhält.

5. Versuche es nun selbst: Ergänze – wo nötig – die Redezeichen, Doppelpunkte und Satzzeichen.

a) Ich glaube ich bin krank sagte Tobias

b) Seine Schwester rief lachend Du willst wohl heute nicht zur Schule gehen

c) Diese Krankheit meinte die Mutter kenne ich genau

d) Heißt sie vielleicht: Angst vor Mathe wollte der Vater wissen

Tipp: Der letzte Satz von Übung 5 enthält eine kleine Falle. Hast du die erkannt? Steht der Begleitsatz nach einer wörtlichen Rede, die eine Frage oder ein Ausruf ist, musst du zunächst das Ausrufe- oder Fragezeichen, dann das Anführungszeichen oben (Schlusszeichen) und schließlich ein Komma setzen.

Hierzu zwei Beispiele:

„Was soll das?", fragte sie erstaunt.

„Komm sofort her!", befahl er seinem Hund.

3 Kommasetzung

Die wichtigste Regel zur Kommasetzung betrifft Aufzählungen:

In meiner Schulklasse gibt es Türken, Spanier, Marokkaner, Italiener und Deutsche.

Bei Aufzählungen von drei oder mehr Teilen setzt man jeweils ein Komma. Vor dem letzten Teil steht dabei normalerweise kein Komma, sondern das Wort *und* oder *oder*. Vor *und / oder* steht kein Komma.

6. Ergänze die Kommas an den richtigen Stellen.

a) Im Sportunterricht machen wir abwechselnd 100-Meter-Läufe Weitsprung und Kugelstoßen.

b) Donnerstags spielen wir Handball Volleyball oder Basketball.

c) Onkel Werner Renate Tante Emma und ihre Katze Melanie lagen im Garten und faulenzten.

d) Möchtest du eine Cola oder ein Glas Orangensaft?

e) Im Zoo gibt es viele Tierbabys: ein kleiner Orang-Utan ein niedlicher Kragenbär ein junges Zebra und ein drolliges Giraffenjunges.

Ein Komma steht außerdem bei Ausrufen oder Anreden:

„Du liebe Zeit, das hat mir gerade noch gefehlt!"

„Komm sofort her, Lisa!"

„Du weißt, mein lieber Tobias, dass heute ein wichtiger Tag für uns ist."

F   Zeichensetzung

7. Ergänze die Kommas an den richtigen Stellen.

a) Liebe Niki hoffentlich sehen wir uns bald.

b) „Los jetzt hab keine Angst!"

c) „Nein ich will nicht!"

d) „Warte auf mich Jessica!"

e) „Wir alle sehr geehrter Herr Direktor möchten Ihnen herzlich gratulieren!"

Ein Komma steht zwischen Hauptsatz und Nebensatz. Das gilt auch, wenn der Nebensatz in den Hauptsatz eingeschoben ist:

Ich weiß nicht, ob sie heute noch kommt.

Wenn ich keine Lust habe, komme ich nicht.

Er kam, als der Winter begann, mit seiner Familie zu uns.

8. Ergänze die Kommas an den richtigen Stellen.

a) Stimmt es dass du heute ins Schwimmbad gehen willst?

b) Ich weiß noch nicht ob ich morgen mitkomme.

c) Letztes Mal als er bei der Klassenfeier war gab es großen Streit.

d) Diesmal wird sie sich anstrengen damit sie vor dem nächsten Zeugnis keine Angst haben muss.

e) Er möchte wenn er ins Kino geht einen wirklich spannenden Film sehen.

Relativsätze werden durch Kommas vom Hauptsatz getrennt, da sie ebenfalls zu den Nebensätzen gehören:

Der Mann, den ich gestern im Park gesehen habe, arbeitet im Supermarkt.

Ich kenne das Mädchen, mit dem ich dich gestern gesehen habe.

9. Unterstreiche zunächst die Relativsätze und ergänze dann die Kommas an den richtigen Stellen.

a) Das ist der Baum von dem ich dir erzählt habe.

b) Ich wünsche mir zu Weihnachten einen Hund mit dem ich spielen kann.

c) Sie besitzt eine Menge Bücher die sie aber nie liest.

d) Der Bus auf den ich eine Stunde gewartet habe hatte eine Reifenpanne.

e) Ihre Freunde mit denen sie sonst immer zusammen war haben die Schule gewechselt.

Ein Komma steht ebenfalls vor *aber, sondern* und *(je)doch*:

Ich möchte Tee, aber keinen Kuchen.

Herr Braun hat keine Bohrmaschine bestellt, sondern eine Schleifmaschine.

Sie liebt Sturm und Regen, jedoch die Kälte hasst sie.

10. Ergänze die Kommas an den richtigen Stellen. Vorsicht, Falle! Es sind manchmal Nebensätze dazwischen geraten, die du ebenfalls durch Komma abtrennen musst.

a) Ich würde gern nach Spanien reisen aber nur wenn wir dieses Mal fliegen.

b) Er wird dir nicht nur bei dieser Matheaufgabe helfen sondern auch bei allen anderen Problemen.

c) Du kannst die CD ausleihen dieses Comic-Heft jedoch gebe ich dir nicht.

d) Um fünf Uhr kamen sie endlich doch Anni brachten sie nicht mit.

e) Ich finde es schade dass der Sommer schon vorbei ist aber es wird alles halb so schlimm wenn wir den Winter nicht in Deutschland sondern auf Hawaii verbringen.

Lösungen

zu Kapitel A – Die Schärfung

1.

langer Vokal oder Umlaut:
a) Kater
b) beten
c) Rita
d) Noten
e) Lupe
f) Höhle
g) wütend

kurzer Vokal oder Umlaut:
a) Ratte
b) Bett
c) Gewitter
d) Lotto
e) Suppe
f) Hölle
g) rütteln

2.

Freie Übung; hier sollst du die Wörter nur laut und deutlich lesen.

Merksatz: Nach kurzem Vokal oder Umlaut folgt oft ein Doppelkonsonant.

3.
a) Wanne   hoffen   Dose
   Lippe   Viren   Salat
   knabbern Futter   Kladde

b) Termin   essen   rufen
   klappern Bibel   Schnuller
   klirren Egge   kommen

4.
Schlüssel   Löffel   Kübel
Räder   Lämmer   wühlen

5.
b, d, f, g, l, m, n, p, r, s, t

6.
Beispiele für Reimwörter sind:
a) hoffen – offen, soffen, betroffen, besoffen
   Riff – Schiff, Griff, Begriff, begriff
   schaffen – Affen, Waffen, raffen, Giraffen
b) Welle – Kelle, Felle, Geselle, Bälle, Fälle, Quelle
   Falle – Kralle, Galle, Qualle, alle, Schnalle
   Brille – Grille, Stille, Pille, Wille, Kamille, Sybille
   rollen – wollen, sollen, Rollen, Schollen, vollen
c) Lamm – Kamm, Stamm, Damm, am
   klimmen – stimmen, bestimmen, glimmen

zu Kapitel A – Die Schärfung

- d) kennen – nennen, benennen, Hennen, brennen
  wann – kann, dann, an, Bann
- e) Wippe – Lippe, Grippe, Gerippe, Kippe
  klappen – Mappen, Rappen, Lappen, Kappen
- f) schnurren – murren, knurren, surren
  irren – verwirren, klirren, kirren, beirren
- g) Klasse – Masse, Kasse, lasse, Tasse, Rasse
- h) Watte – Matte, Latte, hatte
  Futter – Mutter, Butter, Kutter

7.
- a) Seide, Seile, Seife, Seite
- b) Eimer, Eiter, Eifer
- c) sausen, saufen, saugen
- d) reiben, reisen, reimen, reiten, reifen
- e) Taifun
- f) Käufer
- g) Leute
- h) Saite
- i) häufig
- j) Teufel

8.
- a) lernen – ler-nen
- b) wollen – wol-len
- c) gelten – gel-ten
- d) schaffen – schaf-fen
- e) knurren – knur-ren
- f) halten – hal-ten

9.
- a) sie wärmt – wärmen – wär-men
- b) es brennt – brennen – bren-nen
- c) du lärmst – lärmen – lär-men
- d) du wirfst – werfen – wer-fen
- e) sie murrt – murren – mur-ren
- f) es knallt – knallen – knal-len
- g) sie winkt – winken – win-ken

10.
- a) Schnellbahn – schneller – schnel-ler
- b) kalt – kälter – käl-ter
- c) hellgrün – heller – hel-ler
- d) kreisrund – runder – run-der
- e) dummdreist – dümmer – düm-mer
- f) Schlankheitsmittel – schlanker – schlan-ker
- g) mattgelb – matter – mat-ter
- h) Schlappschwanz – schlapper – schlap-per
- i) elegant – eleganter – e-le-gan-ter

11.
- a) Ballspiel – Bälle – Bäl-le
- b) Wettkampf – Wetten – Wet-ten
- c) Wandschrank – Wände – Wän-de
- d) Kussmund – Küsse – Küs-se
- e) Gurtmuffel – Gurte – Gur-te
- f) Klettverschluss – Verschlüsse – Ver-schlüs-se

12.
a) Hoffnung – hoffen – hof-fen
b) Landschaft – Länder – Län-der
c) herrlich – Herren – Her-ren
d) Mäppchen – Mappen – Map-pen
e) schädlich – schaden – scha-den
f) verirrt – irren – ir-ren
g) Rädchen – Räder – Rä-der

13.
Das Spukschloss
„Dieses Schloss ist ein herrliches Gebäude, aber ich glaube es spukt", sagte der Mann, der wegen einer Autopanne hier übernachtet hatte. „Ich konnte letzte Nacht kein Auge zumachen! Türen klapperten, Fenster klirrten, die Lampe schaukelte hin und her und der Graf auf dem Bild in meinem Zimmer schien mir zuzuwinken!"
„Ich kenne das gut!", seufzte der Butler. „Und wann immer Fremde hier übernachten, ist es am schlimmsten. Da verstopft man sich am besten die Ohren mit Watte!"
„Bitteschön, wenn Ihnen das genügt", antwortete der Mann. „Ich meinerseits werde schnellstens den Ersatzreifen montieren und hoffe nächste Nacht in meinem eigenen Bett zu verbringen!"

14.
a) Nacken, Fratze, Lackschuhe, Katze, Latzhose, schmatzen
b) stricken, schwitzen, Schnitzel, kitzeln / kicken, wickeln / witzeln, mickrig
c) trocken / trotzen / trocknen, erschrocken, trocknen / trotzen / trocken, lockig / trotzig, trocknen / trotzen / trocken, motzte / trotzte
d) Druckluft, putzen / putzte, schlucken / schluckte, nutzlos / nutzte, ducken / duckte, Dutzend

15.
a)
Haken	Plakat	Luke
erschrak	Musik	Vokal, Lokal, Pokal, Brokat
Pauke	streiken	Schaukel

b)
spazieren	Brezel	Miezekatze
reizend	Schnauze	geizig
Kreuz	Weizen	spreizen

16.
a) Marzipan, Gewürze, Kerzenlicht, schmunzelte, Salzstreuer, Baumwurzel
b) Herzinfarkt, Lenkstange, Volkswagen, verwelken, Marktplätze, zuwinken

17.
Beispiele für Wörter aus dieser Gruppe sind:
stürzen, würzen, kürzen, schwärzen, Gurke, Schwänze, Kränze, Tänze, danken, tanken, Walze, Quark, schwarz, Warze, Kalk, Nelke, Pelz

zu Kapitel A – Die Schärfung

18.

1	RAZZIA	8	NIZZA
2	PUZZLE	9	AKKORD
3	PIZZA	10	AKKUSATIV
4	INTERMEZZO	11	SAKKO
5	JAZZ	12	PIZZERIA
6	AKKORDEON	13	MAROKKO
7	MAKKARONI	14	SKIZZE

Dieses Wort kommt im Kreuzworträtsel nicht vor: Akku

19.

Der Geisterjäger
Eines Tages kam ein Geisterjäger ins Schloss. Nachdem er eine Pizza mit Pilzen gegessen hatte, folgte er Silke, dem Küchenmädchen, in die Küche. „Was für reizende Locken Sie haben!", sagte er zu ihr. „Und diese winzige Schürze! Allerliebst!" Silke verdrehte genervt die Augen. „Ich glaube, ich werde die Geister in diesen Backofen locken", überlegte er. „Was halten Sie davon?"
„Sie scherzen wohl!", sagte Silke, die den Geisterjäger nicht leiden konnte. „Aber nein!", rief er eingebildet. „Das ist ein Trick, den ich in Marokko gelernt habe. Ich habe unglaublich viel Erfahrung in diesen Dingen!" Während der Geisterjäger eine Skizze von der Küche machte, ließ Silke unbemerkt etwas in die Tasche seines Sakkos gleiten. Plötzlich sprang er auf und schleuderte das Jackett von sich. Er war so erschrocken, dass er beinahe einen Herzinfarkt bekommen hätte.
Als er das Mädchen lachen hörte und sah, dass es nur eine kleine, quiekende Maus war, die aus der Jackentasche herauskrabbelte, musste er heftig schlucken.

20.

stimmhaftes s: Blase, weise, Tausender, lasen, Geisel, rasieren, Pause, heiser, leise, Nase
stimmloses s: Busse, Wissen, Terrasse, aß, Gasse, reißen, heißen, Pass, Nässe, lassen

21.

Beispiele für Wörter aus dieser Gruppe sind:
Vase, sicher, Kaiser, Waise, lesen, gewesen, sanft, Käse, sicher, Hase, sehen, Gase, diese

22.

küssen	müssen	mäßig	die Tasse
äußerlich	fassen	fassungslos	schließen
schießen	ich genieße	der Schlüssel	sie aßen
die Füße	fleißig	die Schüsse	

23.
a) Küsse / küssen
b) schließen
c) ~~lustig~~
d) Mäuse
e) ~~meistens~~
f) niesen
g) hassen
h) lesen
i) Schüsse / schießen
j) ~~plus~~

24.
a) fußkrank, Füße
b) Gras, Gräser
c) hinaus, ———
d) heiß, heißer
e) Fassbier, Fässer
f) hässlich, hassen
g) fast, ———
h) Blasrohr, blasen

25.
a) du isst, essen – du isst = kurzes i, also ss
b) er fraß, fressen – er fraß = langes i, also ß
c) ihr küsst, küssen – ihr küsst = kurzes i, also ss
d) du hasst, hassen – du hasst = kurzes a, also ss
e) sie niest, niesen – sie niest = stimmhaftes s
f) sie misst, messen – sie misst = kurzes i, also ss
g) ihr wisst, wissen – ihr wisst = kurzes i, also ss
h) du musst, müssen – du musst = kurzes u, also ss
i) ihr blast, blasen – ihr blast = stimmhaftes s

26.
Ergebnis – Ergebnisse, Atlas – Atlasse, Omnibus – Omnibusse, Globus – Globusse, Iltis – Iltisse, Zirkus – Zirkusse, Hindernis – Hindernisse, Krokus – Krokusse, Erlaubnis – Erlaubnisse, Zeugnis – Zeugnisse

27.
Ein Gespenst in Schwierigkeiten

Rassel, das kleine Gespenst, beschloss heute besser aufzupassen. Gestern hatte es nämlich fast bis zum Sonnenaufgang mit den dreißig weißen Laken gespielt, die es in der alten Wäschekammer gefunden hatte.
Rassel fand es so lustig, die Laken im Speisesaal um die Hindernisse herumfliegen zu lassen, dass er völlig die Zeit vergessen hatte. Erst als ein Laken den großen Globus umgerissen hatte, sah er, dass es draußen schon ziemlich hell war. Das kleine Gespenst sauste ganz schnell in den Keller. Es hörte, wie sich der rostige Schlüssel im Schloss drehte.
„Lasst mich rein!", heulte Rassel. Und zum Glück entschloss sich die blasse Kunigunde, die schwere Tür noch einmal aufzuschließen.
„Verlass dich nicht darauf, dass ich das noch einmal mache", sagte sie. „Du weißt, dass ich Unpünktlichkeit hasse!" Kleinlaut verzog sich Rassel zu seinem Schlafplatz hinter der Wasserpumpe.

28.
Sauerstoffflasche, Schlammmasse, Stalllaterne, Brennnessel, Schrotttransport, Stoffflicken, Fetttropfen, Schifffahrt, Schwimmmeister, Schritttempo, Schnelllläufer, Kontrolllampe

zu Kapitel B – Die Dehnung

1.
aa: Haar, Saal, Waage
ah: Stahl, lahm, Jahr
a: schade, gaben, lagen

2.
Aas, Maar, Maat, Saal, Aachen, Staat, Aal, Paar, Haar, Waage, Saale, Saar, Saat

3.
a) Aas, Aachen, Aal
b) Aal, Haar, Saat
c) Maar, Maat, Aal, Saale, Saar
d) Saal, Staat, Paar, Waage

4.

Stahl	nahm	Zahn	fahren
Zahl	zahm	Wahn	Jahre
Wahl	Rahm	Fahne	Nahrung

5.
senkrecht: Draht, Bahre, Kahn, Ahnung, Hahn, lahm, Gemahlin, Sauerrahm
waagrecht: Diebstahl, Bahn, Sahne, Naht, Strahl, Gefahr, Mahnung, Mahlzeit, Wahnsinn, Kahlkopf

6.
Passende Lösungen sind zum Beispiel:
a) Zähne, Zähnchen
b) Drähte, Drähtchen
c) ähnlich, ähneln, Ähnlichkeit
d) wählen, Wähler, Wählerin, verwählen, gewählt, wählerisch
e) zählen, aufzählen, unzählig, zählbar, erzählen, verzählen
f) ernähren, Ernährung, Nährboden
g) jährlich, alljährlich, verjähren
h) zähmen, Zähmung, zähmbar
i) gefährlich, ungefährlich, gefährden, Gefährte
j) Fähnchen, Fähnlein, Fähnrich

7.
Passende Lösungen sind zum Beispiel:
a) Schaden, schaden, Schaf, Schafe, Schal, Scham, Schar
b) dankbar, erreichbar, unerreichbar, unauffindbar, lesbar, scheinbar, unsichtbar
c) Schicksal, Mühsal, Drangsal, Labsal
d) unterhaltsam, mühsam, einsam, gemeinsam

Lösungen

8.
Alte Liebe
„Heute ist der Tag, an dem wir vor vielen Jahren ein Hochzeitspaar waren", sagte die blasse Kunigunde zum kahlen Graf. „Gib mir meinen Schal und begleite mich in den Ballsaal", antwortete ihr Gemahl voll Würde.
Und als sie sich im strahlenden Licht zum Klang eines unsichtbaren Orchesters im Tanz drehten, kam es ihnen vor wie damals, als Gäste in großer Zahl sich am köstlichen Mahl labten.
„Ich frage mich, ob die Gäste je vergaßen, was in dieser Nacht geschah", sagte Kunigunde nachdenklich. „Mir ist das egal nach all den Jahren", meinte der Graf. „Außer uns sind alle im Grab. Manchmal finde ich das sehr schade!" „Nun sei nicht sentimental!", mahnte Kunigunde sanft. „Oder ist unser Schicksal etwa eine solche Qual?" Der Graf küsste sie auf ihren Schwanenhals und sagte: „Hätte ich die Wahl, dann machte ich alles noch einmal. Du bist eine wunderbare Gemahlin!"

9.
ee: Seele, Beet, See
eh: Kehle, Befehl, Mehl
e: schwer, geben, Regen

10.
Moschee, Armee, Klee, Meer, Idee, Reeder, Seele, Beet, Gelee, Allee, leer, Beere, Speer, Püree, Fee, Tee, Lorbeerblatt, Teer, Kaffee, See, Spree, Heer, Schnee

11.
a) TEE
b) FEE
c) LEER
d) TEER
e) SPEER
f) SPREE
g) KAFFEE
h) SCHNEE
i) MOSCHEE
j) LORBEER

12.
ehl: Kehle, Befehl, empfehlen, Fehler, Mehl, stehlen
ehr: verzehren, Lehre, sehr, Verkehr, Lehrer, mehr, kehren
ehn: sehnen, zehn, anlehnen
ehm: nehmen, angenehm, lehmig

13.
stehen	du stehst	er steht
sehen	du siehst	sie sieht
gehen	du gehst	er geht
verstehen	du verstehst	sie versteht
drehen	du drehst	er dreht

zu Kapitel B – Die Dehnung

14.
Der Poltergeist
Seit kurzem gab es im Schloss einen neuen Gärtner namens Peter. Er war eingestellt worden um die Beete und Alleen zu pflegen. Er hatte nur sehr wenig Angst vor dem Spuk der Schlossgeister.
Aus diesem Grund wandte sich der Butler an ihn. Der hatte nämlich so schwere Träume gehabt wie noch nie zuvor im Leben. Die ganze Nacht war ein Schemel durch sein Zimmer getanzt. „Das war in ewiges Hin und Her!", beschwerte er sich. „Oh, wie sehr sehne ich mich nach einer ruhigen Nacht!"
„Ein Schemel also, ohne Lehne …", meinte Peter nachdenklich. „Wissen Sie vielleicht, wem der Schemel früher gehört hat?" – „Einem der zehn Kinder des Grafen, nehme ich an", sagte der Butler. „Starb eines der Kinder eines gewaltsamen Todes?", fragte der Gärtner. Der Butler überlegte eine Weile. „Man sagt, der zehnjährige Cornelius verzehrte Gelee aus giftigen Beeren", meinte er dann.
Peter ging in die Schlossbibliothek und kehrte mit der Familienchronik zurück. „Ich hab's!", rief er dem Butler entgegen. „Das Kind starb am 29. Februar, also genau heute vor 250 Jahren. Deshalb war es letzte Nacht so unruhig. Ein einfaches Poltergeist-Problem." Der Butler atmete auf. „Und ein sehr beruhigendes Datum!", sagte er. „Kommt nur alle vier Jahre vor. Ich sorge in Zukunft am besten dafür, dass der Schemel in dieser Nacht nicht im Zimmer steht!"

15.
ie: Lied, Miete, verbieten, wieder, schielen
i: Bandit, mir, Primel
ieh: er sieht, du ziehst
ih: ihn, ihnen

16.
Musik, Brise, Primel, Kino, Liter, Sirup, Pilot, Tarif, Bandit, Kaninchen, Prise, Petersilie, Krokodil, Biber, Klima, Nil, Tiger, gibt, Bibliothek, dir, Titel, mir, Bibel, wir, Pirat

17.
a) Benzin
b) Vitamin
c) Terpentin
d) Kamin
e) Sabine
f) Gardine
g) Margarine
h) Apfelsine
i) Lawine
j) (Bohr)maschine
k) Adjektiv
l) Substantiv
m) Infinitiv
n) positiv
o) negativ

18.
sieht, befiehlt, zieht, bestiehlt, empfiehlt, hinsieht, stiehlst, ziehst

Lösungen

19.
Moni und Yvonne waren einmal meine Freundinnen. Aber jetzt bin ich nicht mehr gern mit ihnen zusammen. Moni bringt immer ihren neuen Hund mit – und wenn ich ihn nur ansehe, dann knurrt er mich an. Eines Tages werde ich bestimmt Probleme mit ihm bekommen.
Yvonne redet nur noch über ihre Ballettstunden. Ihretwegen werde ich mich aber nicht zum Tanzen anmelden, auch wenn ihre Freundin Moni das tut. Die nimmt nämlich auch dorthin ihren Hund mit. Yvonne sagt, dass der Ballettlehrer ihr das erlaubt. Der wird schon sehen, was er davon hat. Ich wünsche ihm viel Vergnügen!

20.
Das Kanichen und die Lawine
„Mir ist langweilig!", klagte Rassel, das kleine Gespenst. „Habt ihr vielleicht eine Idee, was ich machen kann?"
„Aber du hast doch neulich so schön mit den Gardinen im blauen Salon gespielt", meinte die blasse Kunigunde und setzte ihr romantisches Gesicht auf. „Es sieht aus wie eine zarte Brise, die sich liebevoll in die Seide schmiegt. Mir blieb fast das Herz stehen bei so viel Schönheit!"
„Fliegende Gardinen interessieren mich diese Woche aber nicht!", sagte Rassel trotzig. „Wieso gehst du nicht in die Bibliothek und liest?", fragte Graf Hagen. „Ich glaube, vor vierhundertsieben Jahren lieh ich mir einen interessanten Titel von König Karl!" „Aber er hat doch noch nie gerne gelesen!", rief Rassels Mutter, die schielende Sabine.
„Dann erzähle ich dir von meinen Abenteuern am Nil!", schlug der fiese Siegfried vor, dem ebenfalls langweilig war. „Oder ziehst du vor, etwas über meine Zeit als Pirat zu hören? Du weißt, ich habe viel erlebt!" „Ja, riesig!", schrie das kleine Gespenst begeistert. „Aber zuerst hätte ich am liebsten die Geschichte von der Lawine und dem Kanichen!" Und so setzten sich beide vor den Kamin und vertrieben sich mit dem Erzählen von Geschichten die Zeit.

21.
Moor, Boot, Zoo, doof, Moos

22.
Freie Übung; hier sollst du selbst eine kurze Geschichte erfinden.

23.
a) Fohlen
b) Sohlen
c) ohne
d) Kohlen
e) bohren
f) Bohnen
g) wohnen
h) (Weiß)kohl
i) Mohn(brötchen)
j) Lohn
k) Dohlen
l) Sohn, Ohren(schmerzen)

24.
a) Sohn
b) Lohn
c) Ohr
d) wohnen
e) Rohr
f) froh
g) hohl

zu Kapitel B – Die Dehnung

25.
Böhmen, Föhre, föhnen, Möhre, stöhnen, dröhnen

26.

Moosröschen	los	schön / schon
Föhnfrisur	bloß	Bootsfahrt
Not	Tod	Bohne
Böhmen	hohl	Dom
dröhnen	Thron	Strom
belohnen	Hochmoor	Stoß
Moore / Möhre	böse	Wohnung
Brot	rot	Tor
Mohnblume	Mond	Honig
gewöhnlich	tröstlich	Zoowärter

27.
a) Verdauung   c) Stauung   e) Trauung
b) Anschauung   d) Erbauung   f) Bebauung

28.
Passende Lösungen sind zum Beispiel:
Ur: Urgroßmutter, Urgroßvater, Urenkel, Urbewohner, Urheber, Ursprung, Urkunde
ur: uralt, ursprünglich, urplötzlich, urkundlich, urbar, urkomisch, urtümlich
tum: Altertum, Christentum, Heldentum, Fürstentum, Eigentum

29.
a) *Fahr*stuhl, Aufruhr   c) Uhr, Huhn
b) Ruhr*gebiet*, fuhr   d) suhlt, Ruhm

30.
Passende Lösungen sind zum Beispiel:
Stuhl: Stühle, Stühlchen, Schaukelstühle, Lehnstühle, Fahrstühle, Liegestühle
Ruhm: rühmlich, unrühmlich, berühmt, rühmen, Berühmtheit, rühmenswert
fuhr: ich führe *(= ich würde fahren)*, Führung, führen, Führungstor, geführt

31.
a) berührt   f) Gebühr
b) Kühlschrank g) Sühne
c) Bühne   h) Wühlmaus
d) Kühnheit   i) fühlen
e) rührend   j) Mühle

Lösungen

zu Kapitel C – Gleich und ähnlich klingende Laute

1.

a) das Blatt — die Blume — abbrechen
anpreisen — der Panzer — privat
das Bett — das Paket — persönlich
die Bank — die Planke — blank

b) drücken — treiben — verdrängen
dunstig — triefen — das Abteil
der Verdruss — die Abtei — enttäuschen
ertrinken — trüb — drüben

c) das Glas — das Kleid — die Grimasse
grau — das Kraut — der Krümel
eingraben — entgleiten — entkleiden
das Gramm — der Kran — das Regal

2.

a) der Diebstahl – Diebe
b) die Grabkapelle – Gräber / graben
c) er hupt – hupen
d) er treibt – treiben
e) gelb – gelber
f) es klumpt – klumpen
g) die Schubkarre – schieben
i) er raubt – rauben / Räuber

3.

Zweimal im Jahr, im April und im September, geht der Abt des Klosters mit seinem Mops auf die Jagd. Im letzten Herbst war der Abt sehr aufgeregt – er musste in Kürze nach Rom zur Audienz beim Papst. Er war so nervös, dass er sich selbst ins Bein schoss und für sechs Wochen einen Gips bekam. Da musste er hübsch im Bett bleiben. Und statt Rebhuhnpastete mit Erbsen gab es nur Klopse mit Obst. Aber er war ganz zufrieden. „Hauptsache, ich muss nicht gleich zum Papst!", sagte er und malte kleine Krebse auf seinen Gips.

4.

beobachten, Abscheu, verabreden, obwohl, obgleich, abwesend, Objekt, Absicht, obdachlos, abkürzen, abwenden

5.

a) der Waldmensch – Wälder
b) er verband – binden / verbinden
c) die Randgruppe – Ränder
d) altdeutsch – älter / Alter
e) Weitsprung – weiter
f) das Kleid – Kleider / kleiden
g) der Wandschrank – Wände
h) der Wind – Winde
i) kindlich – Kinder

zu Kapitel C – Gleich und ähnlich klingende Laute

6.
endlich	entgegen	entzündet
endgültig	Entspannung	Entführung
Endspurt	Enttäuschung	entlang
Endziffer	endlos	Endstation

7.
a) Endspurt c) endgültig e) Endstation
b) endlos d) Endziffer f) endlich

8.
a) seid c) Seit
b) Seit, seid d) Seid, seit

9.
a) ihr winkt – winken
b) erfolgreich – folgen / Erfolge
c) das Volk – Völker
d) klug – klüger
e) Betrug – betrügen / Betrüger
f) stark – stärker
g) das Gelenk – lenken / Gelenke
h) die Teigschüssel – Teige / teigig
i) du legst – legen

10.
a) er singt, es sinkt
b) versengt, versenkt

11.
Der Doktor ruft seine Magd und fragt: „Welches Ereignis hat unseren Architekten so in Konflikt gebracht, dass er wegging ohne seinen Tabak mitzunehmen?" – „Es war der Smog, Herr Doktor. Er bekam von der schlechten Luft einen schrecklichen Hustenanfall, sodass er dem Tabak für immer abschwor."
„Dann muss man ja direkt sagen, dass der Smog etwas Gutes bewirkt hat."
„Das lässt sich nicht leugnen, Herr Doktor", sagt die Magd und wirft den Tabak weg.

12.
Passende Lösungen sind zum Beispiel:
das fröhliche Kind, die wichtige Prüfung, der weinerliche Junge,
das drollige Kätzchen, das kindische Benehmen (*oder:* das kindliche Aussehen),
das bedenkliche Aussehen, der mächtige König, der fleißige Schüler,
das reichliche Essen, der amerikanische Präsident, der neidische Freund,
das himmlische Gefühl, der ständige Regen, die häusliche Wärme,
der egoistische Mensch, der wenige Schnee

13.
a) VOLL d) VENTIL g) VASE
b) LARVE e) KARNEVAL h) PULLOVER
c) NERVEN f) ADVENT i) SILVESTER

14.

a) Vielleicht
b) Vorschlag
c) Vielfraß
d) Vollbart
e) verraten
f) Vollmilch
g) vollschlank
h) verrückt
i) vorlauter
j) verloren
k) vorkommen
l) vielfältigsten

15.

Passende Lösungen sind zum Beispiel:

viel: vielmehr, Vielzahl, Vielfalt, vielköpfig, vielmals, vielseitig

voll: vollkommen, Vollkornbrot, volltrunken, Volltreffer, vollzählig, volljährig

ver: Verrat, Verzeihung, verzeihen, verschieben, verlegen, vergeben, verlieren, Vermögen

vor: vorbereiten, vorbeugen, Vorbild, Vorbesitzer, voraus

16.

Kopf	Topf, Schopf, Kropf, Tropf
Tupfer	Kupfer
rupfen	Schnupfen
schlüpfen	hüpfen, knüpfen
stopfen	klopfen, tropfen
impfen	schimpfen
Töpfer	Schöpfer
Rumpf	Strumpf, Schlumpf, stumpf, Trumpf
Kampf	Dampf

17.

Passende Lösungen sind zum Beispiel:

Pfeffer, pfeffern, Pfadfinder, Pfarrer, Pfennig, Pfeil, Pfanne, Pflicht, Pflaster, pflastern, Pfeife, Pfiff, pfeifen, pfiffig, Pfifferling, Pflege, pflegen, Pfirsich, Pfingsten, Pflaume, Pferd, Pfund, Pfand, pfänden, pflücken, Pflug, Pfusch, pfuschen, Pfosten

18.

Die Geschichte des vergifteten Philosophen

„Es war im November, als man mich vergiftete, genau wie mir eine finstere alte Frau prophezeit hatte", erzählte der verstorbene Philosoph dem kleinen Gespenst. Er war erst vor ein paar Wochen im Schloss aufgetaucht und bis jetzt kannte noch niemand seine Geschichte.
„Ich hatte Schnupfen, deshalb schmeckte ich nicht viel, als man mir das Essen servierte. So wurde ich das Opfer des vollkommen verrückten Physikers, mit dem ich seit vier Jahren zerstritten war."
Das kleine Gespenst flog verwirrt zum Weinregal hinauf und setzte sich zwischen die vollen Flaschen. „Das verstehe ich nicht!", rief es. „Du kanntest diese Prophezeiung und hast nicht versucht dich zu schützen?"
„Ich war so vertieft in meine Arbeit, dass ich nicht darauf achtete. Ich war dabei, eine ganz neue Philosophie zu entwickeln."

zu Kapitel C – Gleich und ähnlich klingende Laute

„Verzeihung", sagte Rassel, das kleine Gespenst, „aber das, finde ich, war ganz schön blöd. Als Geist kannst du mit deiner Philosophie nie mehr berühmt werden!" – „Vielleicht doch!", schmunzelte der Verstorbene. „Ich schlüpfe, seit ich hier bin, fast jede Nacht in die Träume des Butlers und erkläre ihm alles. Noch hält er es für Phantasie (*oder:* Fantasie), aber bald wird er verstehen, dass es viel mehr ist. Dann wird er an die Öffentlichkeit treten. Ich erlebe meinen Triumph, das versichere ich dir – oder ich fresse einen Besen!"

19.

Äste – Ast	hässlich – Hass
älter – alt	Gläser – Glas
Räder – Rad	kämmen – Kamm
Gämse – Gams	Händlerin – Handel
Gräte – Grat	Stängel – Stange
behände – Hand	Schränke – Schrank
nähen – Naht	erbärmlich – Erbarmen

20.
Freie Übung; hier sollst du die Geschichte auswendig lernen und dir vor allem die Merkwörter mit ä einprägen.

21.
Man ließ den bärenhaften Mann gewähren, als er spät im März eine Lärche absägte, die mitten in einem Feld mit wogenden Kornähren stand. Es gab viel Lärm, als er im Boden darunter den versteinerten Schädel eines Kängurus fand.

22.

a)	häuslich – Haus		g)	Leute – -----
b)	scheußlich – -----		h)	Käufer – kaufen
c)	gräulich – grau		i)	Mäuse – Maus
d)	häufig – Haufen		j)	Beute – -----
e)	läuten – laut		k)	Häute – Haut
f)	Gebäude – bauen		l)	heute – -----

23.
Passende Lösungen sind zum Beispiel:
a) gläubig, Gläubige, abergläubisch, Gläubiger
b) säubern, säuberlich, Säuberung, säuberte, Säuberungsaktion
c) Häuser, Häuschen, Häuslein, häuslich, Gehäuse
d) lächeln, anlächeln, lächerlich, das Lächeln, zulächeln, Gelächter
e) äußern, äußerlich, veräußern, Äußerung
f) länger, länglich, verlängern, längs, am längsten, Länge
g) Träger, Trägerin, unerträglich, erträglich, verträglich
h) er bläst, Bläser, Blechbläser, Holzbläser, Bläschen, Gebläse
i) täuschen, enttäuschen, Enttäuschung, vortäuschen
j) Räuber, räuberisch, Bankräuber, Räuberhauptmann

24.
Freie Übung; hier sollst du selbst eine kurze Geschichte erfinden. Verwende dabei die Wörter Knäuel, sträuben, Säule, räuspern *und* räudig.

25.
a) Bellen
b) Bären
c) Stelle
d) Läuten
e) Lerche
f) Beeren
g) Ställen
h) Lärchen
i) Ehre

26.
Passende Lösungen sind zum Beispiel:
Hai, Kai, Kaiser, Mai, Waise, Waisenhaus, Laich, Mainz, Taifun

27.
a) Hai
b) Kai
c) Mainz
d) Mai
e) Laich
f) Laie
g) Hain
h) Main
i) Mais
j) Kaiser
k) Laib
l) Saite (z. B. bei Gitarre)
m) Waise
n) Taifun

28.
Freitag, 13. <u>Mei</u>

Gestern brachte ich einen Gast zu uns ins <u>Gaisterschloss</u>. Der Mann hatte, wie er mir erzählte, eine grauenhafte Schiffsreise hinter sich. Ein <u>Teifun</u> hatte ihn vom Schiff ins reißende Wasser geworfen. Fast wäre er von einem <u>Hei</u> gefressen worden. Zwei Tage lang hatte er sich allein von Fischlaich ernähren müssen. Völlig heruntergekommen und bleich stand er am <u>Kei</u>. Ich reichte ihm meine Hand und nahm ihn mit ins Schloss.

Der Mann bedankte sich überschwänglich, nachdem ich für ihn das Gästezimmer im <u>Saitenflügel</u> hergerichtet hatte. Als er lächelte, fielen mir seine reichlich spitzen Zähne auf. Doch um welch grauenhaftes Wesen es sich handelte, begriff ich erst später – um Mitternacht.

Ich hörte einen <u>Schrai</u> und rannte aus meinem Zimmer. Auf dem Gang begegnete ich unserem Gast. Es war ein Vampir! Ich war <u>blaich</u> vor Schreck. Er meinte, er würde mich nicht beißen, weil ich es war, der ihn am Kai aufgelesen hatte. Aber ich <u>waiß</u> nicht, wie lange ich noch tatenlos zusehen kann …

29.
Mai, Geisterschloss, Taifun, Hai, Kai, Seitenflügel, Schrei, bleich, weiß

zu Kapitel C – Gleich und ähnlich klingende Laute

30.
a) der Knicks – knicken
b) hinterrücks – Rücken
c) du stickst – sticken *oder:* du stichst – stechen
d) die Streiks – streiken
e) der Klecks – kleckern
f) links – linke
g) du leckst – lecken *oder:* du legst – legen
h) flugs – fliegen

31.
a) lügen – du lügst
b) streiken – du streikst
c) wecken – du weckst
d) hinken – du hinkst
e) lenken – du lenkst
f) steigen – du steigst
g) lecken – du leckst
h) schenken – du schenkst
i) schicken – du schickst
j) wiegen – du wiegst

32.
a) SECHS
b) WACHS
c) FUCHS
d) LACHS
e) BÜCHSE
f) SACHSEN
g) WECHSELN
h) HÖCHSTENS

33.
a) Axt, Fax, kraxeln, Max, Praxis, Taxi
b) Nixe, mixen, fix, boxen, Luxus, Luxemburg
c) Examen, Hexe, Express, Lexikon, Text, exakt, Textilien, Experte, Alexander

34.
a) du schluckst / schlugst
   du lügst
   er wuchs
b) er mixt
   der Knicks
   du wiegst
c) der Text
   unterwegs
   du weckst
d) das Wachs
   der Lachs
   er wächst
e) du lockst / logst
   der Ochse
   die Schocks

   der Luxus
   hinterrücks
   der Fuchs
   du liegst
   du schickst
   die Nixe
   die Schecks
   du legst / leckst
   das Lexikon
   das Fax
   das Gewächs
   die Praxis
   der Boxer
   du hockst
   der Koks

Lösungen

zu Kapitel D – Zusammengesetzte Wörter

1.
Schulgebäude, Rotkohl, Weihnachtsabend, Weihnachtslied, Schulkind, Schulklasse, Fernsehprogramm, Weihnachtsbaum, Fernsehsender, Weihnachtsgeschenk

2.
Hosenanzug, Blumenstrauß, Mittagspause, Sonnenbrand, Hosenbein, Blumenbeet, Mittagsruhe, Sonnenschirm

3.
a) vom Pferd absteigen
   aus dem Bus aussteigen
   in die Straßenbahn einsteigen
   von einem Zug in den anderen umsteigen
b) endlich abfahren (*oder:* wegfahren)
   mit Freunden wegfahren
   von zu Hause abfahren
   unter der Brücke durchfahren
c) zu Hause ankommen
   etwas später ankommen (*oder:* nachkommen, mitkommen)
   mit wenig Geld auskommen
   für einen Schaden aufkommen
d) das Licht anmachen (*oder:* ausmachen)
   jeden Unsinn mitmachen
   etwas Gezeigtes nachmachen
   die Konservendose aufmachen
e) viel Geld mitnehmen (*oder:* einnehmen, wegnehmen)
   an Gewicht zunehmen (*oder:* abnehmen)
   einen Schirm mitnehmen
   dem Kind das Messer wegnehmen (*oder:* abnehmen)

4.
Passende Lösungen sind zum Beispiel:
heruntersteigen, hineinsteigen, hinausschauen, herüberschauen, hindurchfahren, hinüberfahren, herunterfallen, hereinfallen, hereinkommen, heraufkommen, hineinlegen, hereinlegen

5.
Freie Übung; hier sollst du mit den Wörtern von Übung 4 jeweils einen sinnvollen Beispielsatz auf ein Blatt Papier schreiben.

6.
a) nagelneu
b) dunkelgrünes
c) bitterkalt
d) kugelrund
e) schneeweiß
f) putzmunter
g) pfeilschnellen
h) todkrank

zu Kapitel E – Groß- und Kleinschreibung

1.
Lebewesen: Siegerin, Kolibri, Baby
Dinge: Zeugnis, Hocker, Tisch
Abstraktes: Wille, Gehorsam, Bedürfnis

2.
Passende Lösungen sind zum Beispiel:
Lebewesen: Hund, Katze, Junge, Mädchen, Bürger
Dinge: Bank, Fenster, Tür, Stift, Buch, Lineal

3.
a) Reichtum
b) Ordentlichkeit *oder* Ordnung
c) Schönheit
d) Selbstständigkeit
e) Weisheit
f) Neuigkeit *oder* Neuheit
g) Heldentum
h) Sauberkeit
i) Ärgernis
j) Dummheit
k) Ereignis

4.
Passende Lösungen sind zum Beispiel:
a) die alte Schule
b) das braune Pferd
c) das gute Zeugnis
d) der böse Traum
e) das nette Hotel
f) die rote Rose

5.
a) Die Jungen sollten den Alten helfen, wenn sie krank und schwach werden.
b) Unsere Kranken werden sorgfältig von den Ärzten und Schwestern betreut.
c) Lasst uns doch am Wochenende mal ins Grüne fahren!
d) Wenige Reiche könnten eine Menge für die vielen Armen in unserer Stadt tun.
e) Wir haben eine Neue in der Klasse, die viel Interessantes aus ihrer alten Schule erzählt.

6.

Infinitiv	Präteritum	Partizip Perfekt
warten	wartete	gewartet
wissen	wusste	gewusst
bleiben	blieb	geblieben
schreiben	schrieb	geschrieben
sein	war	gewesen
hoffen	hoffte	gehofft

Lösungen

7.
a) Unser Warten hat sich gelohnt.
b) Ich trage dieses T-Shirt nur im Bett zum Schlafen.
c) Das Betreten der Gleise ist verboten.
d) Dein Schnarchen jede Nacht macht mich verrückt.
e) Babsi holt Jennifer jeden Tag um drei Uhr zum Spielen ab.
f) Ist das Rauchen hier erlaubt?

8.
Freie Übung; hier sollst du dir die großgeschriebenen Verben und Adjektive in den Übungen 5 und 7 nochmals genau anschauen.

9.
a) Geisterjäger, Sinnvolles, Gespenster
b) Gespenst, Vorstellung, Schreckliches
c) Kleinster, Wahres, Kunigunde
d) Spuken, Menschen, Angst
e) Kochen, Tag, Butler, Nachschauen, Küche
f) Seltsame, Koch, Küchenmädchen
g) Reichen, Berühmten, Verlassen, Hauses

zu Kapitel F – Zeichensetzung

1.
Tanja liebt Geistergeschichten. Sie hat ein ganzes Regal voll mit Vampir- und Gespensterbüchern. Am liebsten liest sie abends vor dem Schlafengehen. Sie muss das aber heimlich tun. Ihre Mutter macht sich sonst Sorgen, dass Tanja schlecht träumt.

2.
a) Wer liebt Gespenstergeschichten?
   Liebt Tanja Gespenstergeschichten?
b) Liest Tanja am liebsten abends?
   Wann liest Tanja am liebsten?
c) Wie muss Tanja lesen?
   Muss Tanja heimlich lesen?
d) Von wem träumt Tanja?
   Träumt Tanja von Geistern und Schlossgespenstern?

3.
Bitte:	Komm bitte mit ins Kino!
Ausruf:	Das ist ja unglaublich!
	Igitt!
	Vorsicht!
Wunsch:	Ach, wäre ich doch schon 18!
	Schönes Wochenende!
	Ich wünschte, ich würde gewinnen!
Aufforderung:	Mach sofort dein Bett!
	Setzen Sie sich!

4.
a) Ich habe Streit mit Jessica.
b) So eine dumme Gans!
c) Was sagst du?
d) Morgen sehe ich sie im Sportverein.
e) Bitte gib mir einen Rat!
f) Wird sie sich bei mir entschuldigen?
g) Oder würdest du an meiner Stelle den ersten Schritt tun?
h) Wenn sie nur nicht immer diese Geschichten hinter meinem Rücken erzählen würde!
i) Ich glaube, ich muss einmal ernsthaft mit ihr reden.

5.
a) „Ich glaube, ich bin krank", sagte Tobias.
b) Seine Schwester rief lachend: „Du willst wohl heute nicht zur Schule gehen?"
c) „Diese Krankheit", meinte die Mutter, „kenne ich genau."
d) „Heißt sie vielleicht: Angst vor Mathe?", wollte der Vater wissen.

Lösungen

6.
a) Im Sportunterricht machen wir abwechselnd 100-Meter-Läufe, Weitsprung und Kugelstoßen.
b) Donnerstags spielen wir Handball, Volleyball oder Basketball.
c) Onkel Werner, Renate, Tante Emma und ihre Katze Melanie lagen im Garten und faulenzten.
d) Möchtest du eine Cola oder ein Glas Orangensaft?
e) Im Zoo gibt es viele Tierbabys: ein kleiner Orang-Utan, ein niedlicher Kragenbär, ein junges Zebra und ein drolliges Giraffenjunges.

7.
a) Liebe Niki, hoffentlich sehen wir uns bald.
b) „Los jetzt, hab keine Angst!"
c) „Nein, ich will nicht!"
d) „Warte auf mich, Jessica!"
e) „Wir alle, sehr geehrter Herr Direktor, möchten Ihnen herzlich gratulieren!"

8.
a) Stimmt es, dass du heute ins Schwimmbad gehen willst?
b) Ich weiß noch nicht, ob ich morgen mitkomme.
c) Letztes Mal, als er bei der Klassenfeier war, gab es großen Streit.
d) Diesmal wird sie sich anstrengen, damit sie vor dem nächsten Zeugnis keine Angst haben muss.
e) Er möchte, wenn er ins Kino geht, einen wirklich spannenden Film sehen.

9.
a) Das ist der Baum, <u>von dem ich dir erzählt habe</u>.
b) Ich wünsche mir zu Weihnachten einen Hund, <u>mit dem ich spielen kann</u>.
c) Sie besitzt eine Menge Bücher, <u>die sie aber nie liest</u>.
d) Der Bus, <u>auf den ich eine Stunde gewartet habe</u>, hatte eine Reifenpanne.
e) Ihre Freunde, <u>mit denen sie sonst immer zusammen war</u>, haben die Schule gewechselt.

10.
a) Ich würde gern nach Spanien reisen, aber nur, wenn wir dieses Mal fliegen.
b) Er wird dir nicht nur bei dieser Matheaufgabe helfen, sondern auch bei allen anderen Problemen.
c) Du kannst die CD ausleihen, dieses Comic-Heft jedoch gebe ich dir nicht.
d) Um fünf Uhr kamen sie endlich, doch Anni brachten sie nicht mit.
e) Ich finde es schade, dass der Sommer schon vorbei ist, aber es wird alles halb so schlimm, wenn wir den Winter nicht in Deutschland, sondern auf Hawaii verbringen.